NAGEL & KIMCHE

1. Auflage 2021

in der MG Medien Verlags GmbH, München
Satz: im Verlag, gesetzt aus der Garamond Pro 11 Punkt
Herstellung: Verlag Nagel & Kimche AG, Zürich
Druck und Bindung: CPI Books GmbH

ISBN 978-3-312-01226-8
Printed in Germany

MIX
Papier aus verantwortungsvollen Quellen
FSC® C083411
FSC
www.fsc.org

CLAUDE CUENI

Hotel California

ONE MORE THING:
MEINE BOTSCHAFT AN ELODIE

NAGEL & KIMCHE

Liebe Elodie

Ich will dir erzählen, was im Leben wirklich zählt,
weil du das erst am Ende deines Lebens
erfahren wirst. Wenn es vorbei ist. Wenn es zu spät ist.
Das ist die Ironie unseres Daseins.
Eine andere Hölle gibt es nicht.

Welcome to the Hotel California
You can check out any time you like
But you can never leave

Lyrics by: Glenn Lewis Frey / Don Felder / Donald Hugh Henley

»Hotel California« ist ein Musikalbum
der US-amerikanischen Country-Rock-Band *Eagles*.
Es wurde 1976 veröffentlicht.

I

Es war heiss, unendlich heiss. Ich lag in einer endlosen Wüste. Schleifspuren im Sand. Durst. Als endlich die Nacht anbrach, wurde es kühler. Ich raffte mich auf und begann zu laufen. Vielleicht würde ich fortan ewig laufen. Irgendwann sah ich in der Ferne ein schimmerndes Licht, ich hielt es zuerst für eine Täuschung, doch das Licht wurde größer. Nicht aufgeben, dachte ich, immer weiterlaufen, dem Licht entgegen. Ich stand vor einem schäbigen Haus ohne Nachbarschaft, das Gebäude wirkte heruntergekommen. Viele Menschen müssen hier gestrandet sein, denn der Weg war hier zu Ende. Über der Tür leuchtete eine bläuliche Neonanzeige: *Hotel California*. Ich war mir nicht sicher, ob zu dieser späten Stunde der Empfang noch besetzt war.

Die Eingangstür stand halb offen, pendelte im Wind. Eine kühle Brise fuhr mir durchs Haar. Der Duft von Cannabis lag in der Luft. Ich stieß die Tür auf und betrat die Empfangshalle: innen, gedimmtes Licht, Fußabdrücke auf dem Teppich, Spuren von Sand, die Wände in Orange, gerahmte Bilder von Menschen, die einst eine Bedeutung hatten, aber deren Namen fielen mir nicht mehr ein.

Hinter dem Empfangstresen hing ein Schlüsselkasten. Die Fächer waren von eins bis neunundsechzig nummeriert, sie waren leer, eine Nummer dreizehn gab es nicht. Ich drückte den Handballen auf die Bronzeglocke. Es dauerte eine Weile bis endlich jemand kam. Ich war müde, unendlich müde. Eine junge Mexikanerin schob einen Servicewagen in die Halle. Darauf lagen Schachteln mit kleinen Seifen, Badegels und Shampoos. Sie sagte, ich könne hier warten, bis ich grau würde, sie habe schon erlebt, dass einige Gäste beim Warten verstorben seien. Ihre Sprache war mir fremd und doch konnte ich sie verstehen. Ich sagte: »Ich suche Elodie.«

»Ich kann mich nicht an eine Elodie erinnern«, antwortete sie, »die Gäste nennen mich Penelope-Désirée, weil sie mich begehren.«

»Der Schlüsselkasten ist leer. Wo sind all die Gäste geblieben? Schlafen sie um diese Zeit nicht in ihren Zimmern?«

»Hier braucht man keinen Schlaf mehr, es gibt auch keine Zimmerschlüssel, weder Schlüssel noch Geheimnisse. Sie sind hier im Hotel California.«

Ihre Worte verwirrten mich und das gefiel mir überhaupt nicht. Ich wiederholte, dass ich Elodie suche, dass es dringend sei, sehr dringend sogar.

»Sind Sie mit Elodie verabredet?«, fragte Penelope.

»Nicht direkt, aber irgendwie schon. Kann ich solange hierbleiben?«

»Hier warten alle Gäste auf irgendetwas, aber wenn Sie etwas wollen, müssen Sie durch die gleiche Türe, durch die Sie gekommen sind, wieder rausgehen.«

»Es war so heiß da draußen, es war ein langer Weg durch das Death Valley der Mojave-Wüste, nur in der Nacht kühlte es etwas ab.«

»Ja, auch die Sonne legt sich manchmal schlafen.«

Penelope schob ihren Wagen den Flur hinunter. Ich rief

ihr nach, ich wolle hier ein paar Tage übernachten, »wie kann ich einchecken?«

Sie lief einfach weiter. Ich war ratlos, schaute mich um. Auf dem Empfangstresen lag ein Buch mit einem schwarzen Einband. Darauf stand in goldenen Lettern: »Check-in Hotel California«. Als ich es aufklappte ertönte eine Melodie. Ich hatte offenbar beim Aufschlagen des Buches die Mechanik einer Musikdose ausgelöst. Ich hörte einen Song: *Welcome to the Hotel California – you can check out any time you like, but you can never leave.* – Willkommen im Hotel California. Sie können jederzeit auschecken, aber sie können es nie verlassen. Ich nahm die Warnung nicht ernst und wollte meinen Namen eintragen, aber er fiel mir nicht mehr ein. Deshalb schrieb ich lediglich: »ELODIE, WO BIST DU?«

»Nehmen Sie die Kerze, es ist stockfinster da oben.«

Ich zuckte zusammen, hatte nicht bemerkt, dass Penelope zurückgekommen war und es sich im Halbdunkel in einem roten Ledersofa unter der Treppe bequem gemacht hatte. Sie entzündete eine Kerze. Ich nahm sie und stieg damit die geschwungene Treppe hoch. Bei jedem Tritt knarrte das Gebälk, als würde gleich alles auseinanderbrechen. Ich staunte nicht schlecht, als ich oben ankam. Ein uralter Mann mit Spitzbart und dünner Nickelbrille kniete mit einem Gewehr vor der Brüstung und beobachtete den Empfangsraum im Erdgeschoß.

»Nicht näherkommen«, flüsterte er.

»Sie arbeiten hier?«, fragte ich leise.

»Nein, ich habe vor langer Zeit eingecheckt und als ich wieder gehen wollte, sagten sie, ich könne nicht mehr auschecken, das sei nicht vorgesehen. Ich solle das Biest töten. Und seitdem warte ich auf das Biest.«

»Es gibt ein Biest im Hotel California? Sie meinen, einen Bären oder so?«

Der Alte erhob sich und hielt sein Gewehr quer über der Brust: »Ich arbeitete im Bergbau, in einer abgelegenen Gegend im Osten Nevadas nahe der Grenze zu Utah. Ich setzte mich unter einen Wacholderbaum und als ich wieder aufwachte, lag ich in einem Zimmer im Hotel California. Neben meiner Winchester. Der Lauf war rostig, der Holzschaft spröde, grau und rissig. Ich weiß nicht, wie lange mein Gewehr den Launen der Natur ausgesetzt war. Die Sonne von Nevada hat ihm zugesetzt, Schnee, Regen, Wind, aber die Gravur kann man noch lesen, *Model 1873*, auch die Seriennummer ist noch erkennbar.«

»Das ist eine merkwürdige Geschichte, Mister, ich werde mir jetzt ein Zimmer suchen und schlafen.«

»Wenn Sie hier übernachten wollen, müssen Sie immer so tun, als würden Sie die Treppe hinauf- oder hinuntersteigen. Sie dürfen nie stehenbleiben.«

»Wieso?«, fragte ich irritiert, »sind alle Zimmer besetzt?«

Er legte den Zeigefinger auf den Mund. Wahrscheinlich befürchtete er, dass ich das Biest aufwecke. Ich nickte ihm zu und klopfte an die erste Zimmertür. Als niemand antwortete, öffnete ich sie und machte das Licht an. Das Bett war unbenutzt, die Luft stickig heiß.

»Sind Sie das Biest?«, flüsterte der alte Mann. Ich drehte mich um. Er stand dicht hinter mir und hatte seine Winchester auf mich gerichtet.

»Nein, sicher nicht«, wehrte ich ab, »ich bin auf Durchreise.«

Ich hob beide Arme hoch, damit er sah, dass von mir keine Gefahr ausging.

»Es gibt viele freie Zimmer im Hotel California, zu jeder Jahreszeit. Es wäre ein wunderschöner Ort, wenn ich nicht das Biest töten müsste.«

»Jaja«, stotterte ich und wich einige Schritte zurück.

»Was suchen Sie hier?«, fragte er misstrauisch.

»Ich suche Elodie.«

»Das Biest?«

»Aber nicht doch«, versuchte ich ihn zu besänftigen, »Elodie ist kein Biest, mir ist in meinem ganzen Leben noch nie ein Biest begegnet. Ich stelle mir vor, ein Biest ist groß, pelzig und hat Riesenpranken mit schwarzen Krallen, so wie ein Grizzly.«

»Manchmal wohnt das Biest in einem selber«, sagte der Mann und senkte seine Winchester, »meine Freunde nannten mich Glenny, aber sie sind alle verstorben, jetzt heiße ich wieder Glenn Lewis Frey.«

»Okay, Mister Frey …«

»Nennen Sie mich Glenny, der alten Zeiten wegen. Das klingt wie die Songs, die wir damals hörten.«

»Okay, Glenny. Wissen Sie vielleicht, ob in letzter Zeit jemand hier abgestiegen ist, der Elodie heißt?«

»Gehen Sie in den zweiten Stock, dort finden Sie die Gästeliste mit den Namen aller Menschen, die seit 1969 im Hotel California abgestiegen sind.«

Ich stieg mit der Kerze einen Stock höher. Im Flur waren die Wände mit gräulichem Gips verkleidet. Jemand hatte lose Buchstaben und Worte in roter Farbe auf das Mauerwerk gestempelt, doch die Texte machten keinen Sinn. Ich sah einen Eimer Gips und eine Werkzeugkiste am Ende des Flurs. Ich nahm den Hammer und den spitzen Eisenstift in die Hand und suchte die Wand nach den richtigen Worten ab.

Wo bist du gerade?, wollte ich schreiben, *ich warte auf dich.*

Ich spitzte die einzelnen Buchstaben aus der Wand, setzte sie wieder zusammen und gipste sie über andere Textstellen. Wort für Wort. Doch für das Wort »Elodie« fehlte ein Buchstabe.

Enttäuscht stieg ich die Treppe hinunter. Glenny kniete wieder vor der Brüstung und hielt das Erdgeschoß im Auge.

»Schlafen Sie nie?«, fragte ich ihn.

»Nur wenn das Biest schläft, aber das Biest schläft nie.«

Ich wünschte ihm eine gute Nacht und stieg in die Halle hinunter.

»Ich werde nie aufgeben«, rief er mir trotzig nach.

Ich war um einiges jünger als er, aber meine Stimme hatte weniger Kraft, meine Lunge weniger Volumen. Mit jedem Schritt zogen sich die Lungenbläschen schmerzhaft zusammen, wie eine Blume, die langsam verdorrt. Im Erdgeschoß betätigte ich wieder die Klingel. Penelope trat aus der Dunkelheit und sagte, sie müsse jeden Tag neunundsechzig Zimmer reinigen, das sei schwierig, weil es im Hotel California nur achtundsechzig gebe, »haben Sie etwas Salz für mich?«

»Das ist viel Arbeit für eine einzige Person«, sagte ich anerkennend, »aber ich habe leider kein Salz bei mir. Ich glaube auch nicht, dass es Menschen gibt, die mit einem Salzstreuer in der Tasche ein Hotel betreten. Ich bedanke mich auf jeden Fall für Ihre Bemühungen und werde da draußen meine Suche nach Elodie fortsetzen.«

»Sie wollen auschecken?«, fragte sie erstaunt.

»Ja.«

»Das können Sie jederzeit«, sagte sie freundlich, »aber niemand hat das Hotel California jemals wieder verlassen.«

»Dann werde ich der Erste sein.«

»Sie haben mich missverstanden. Wenn man das Hotel einmal betreten hat, kann man es nicht mehr verlassen.«

»Ich muss aber,« insistierte ich, »ich muss Elodie finden, mir bleiben nur noch wenige Monate Zeit.«

Sie meinte, die Zeit spiele keine Rolle, da man eh immer zu wenig davon habe. Aber wenn man die Zeit richtig nutze, sei das nicht von Belang.

»Sokrates?«

»Nein, das ist von mir, hier wohnt kein Sokrates.«

Ich zeigte zur Brüstung im ersten Stock und fragte leise, ob der Alte da oben den Verstand verloren habe.

»Nicht, dass ich wüsste«, antwortete Penelope, »er sucht das Biest, Sie suchen Elodie, wir sind alle auf der Suche nach irgendetwas. Ich suche die Schlüssel für das Gästezimmer, das es nicht gibt.«

»Okay, ist ja schon gut«, antwortete ich enttäuscht, »falls Elodie hier auftaucht, sagen Sie ihr, dass ich da bin. Ich muss mit ihr reden.«

»Wie ist Ihr Name?«

»Wenn ich den nur wüsste.«

Sie sagte, sie wolle mir den Weg zu meinem Zimmer weisen und zündete eine zweite Kerze an.

»Haben Sie Koffer?«

»Ich hatte einen, er liegt irgendwo da draußen im Wüstensand begraben.«

Sie führte mich durch einen langen Flur im Erdgeschoß. Zimmertür reihte sich an Zimmertür. Es war ein sehr langer Flur, er schien kein Ende zu nehmen. Aus den Zimmern drangen leise Stimmen. Es hörte sich an wie ein Gesang, *Willkommen im Hotel California*. Penelope sagte, ich müsse mir den Weg merken, denn sonst würde ich mich in den Fluren verirren. Nach einer Viertelstunde sagte ich, dass ich bereits weit über hundert Türen gezählt habe und fragte, ob es noch lange dauern würde? Mein Kopf sei schwer und meine Augen müde. Sie lief weiter und erklärte, sie hätten viele Zimmer im Hotel California.

»Ich dachte, Sie haben nur neunundsechzig Zimmer?«

»Wir vermieten nur achtundsechzig Zimmer, aber dieses Hotel hat unendlich viele Zimmer. Ein Leben würde nicht ausreichen, um sie alle zu zählen.«

Sie blieb vor einer Tür stehen. Mir fiel auf, dass es keine Zimmernummer gab. Ich fand das ungewöhnlich. Penelope öffnete die Tür und bat mich einzutreten. Die Wände waren mit bunten Farben gestrichen, Waschbecken, Bett, Tisch und Stuhl, eher schlicht. Penelope sagte, wenn ich etwas bräuchte, solle ich auf die Klingel drücken, die über dem Bett hängt. Ich tippte mit dem Zeigefinger die kleine Glocke an, die von der Decke hinunterhing und schaute zu, wie sie an der Kordel hin- und herbaumelte. Sie erinnerte mich an etwas, das mir Angst einjagte, aber während ich der pendelnden Glocke folgte, wurde ich schläfrig, kniff die Augen zusammen, konnte nicht mehr akkommodieren. Die Augen drifteten auseinander, ich sah Doppelbilder, tausende von Glocken, die mich schwindelig machten.

Benommen setzte ich mich auf die Bettkante, legte mich hin, drehte mich auf die Seite und schloss die Augen. Alles um mich herum schien in Bewegung. Manchmal blinzelte ich, um zu sehen, ob sich auch das Zimmer wie ein Karussell drehte. Mir wurde übel, speiübel. Von draußen schien das bläuliche Licht einer Neon-Anzeige ins Zimmer. Ich fragte mich, wie viele Hotel-Leuchten wohl an den Außenwänden montiert waren. Jene über dem Eingang war über eine Viertelstunde entfernt. Ich fand keinen Schlaf, die melodiösen Stimmen aus den anderen Zimmern wurden lauter, dann wieder leiser, es war, als würde stets etwas an meiner Zimmertür vorbeigehen, den endlosen Flur hinunter und dann wieder zurück. Ich drückte den Glockenknopf über meinem Bett und sagte, ich bräuchte Wein. Ich ging davon aus, dass mich jemand hören würde. Vielleicht war in der Glocke ein Mikro eingebaut. Im Hotel California war ja offenbar vieles möglich. Wenig später betrat ein ausgemergelter Mann mit einer Karaffe Wein mein Zimmer. Er sagte, sein Name sei Don Henley, er sei der Captain und der Wein sei ein Cabernet Sauvignon Nappa Valley 1969.

»Wieso wussten Sie, dass ich Wein bestellen würde?«

»Sie wollten doch Wein bestellen, oder?«

»Ja, aber wieso wussten Sie das?«

Er reichte mir die Glaskaraffe.

Ich fragte ihn, ob es hier keine Gläser gebe.

»Möchten Sie denn ein Glas?«

Don Henley drehte das Tablett um. Auf der Rückseite war ein flacher Monitor mit Tastatur. Ich fragte, ob das ein iPad sei. Er antwortete, alles was ich hier im Hotel California sehe, sei genau das, was ich mir vorstelle. Falls ich denke, das sei ein iPad, dann sei es ein iPad, aber andere Gäste glaubten, das sei ein Schneidebrett, auf dem man Zwiebeln und Knoblauch zerhacken könne. Er tippte etwas in die Tastatur: »Wir haben keine Gläser mehr im Hotel California, sie sind alle zerbrochen wie auch die Wünsche und Hoffnungen unserer Gäste.«

»Ich brauche kein Glas, heute Nacht werde ich Wein brauchen. Ich werde sehr viel Wein brauchen. Solange, bis ich Elodie gefunden habe.«

»Ich hörte bereits, dass Sie Elodie suchen, aber niemand kennt eine Elodie. Vor einer halben Stunde war jemand hier, ein kleiner untersetzter Mann mit schwarzem Hut, er sagte, er sei auf der Suche nach Ihnen, er müsse Sie dringend sprechen. Vielleicht weiß er mehr über Elodie.«

»Wer war dieser Mann?«

»Wir wissen es nicht. Er sagte, sein Name sei Dachs, William Dachs.«

»Ich kenne niemanden, der Dachs heißt. Aber wenn er nach mir gesucht hat, dann hat er bestimmt meinen Namen genannt.«

»Nein, er wusste ihn auch nicht.«

»Wie konnten Sie wissen, dass er nach mir sucht?«

»Er vermaß die Fußabdrücke auf dem Teppich am Eingang und fragte, ob heute Nacht jemand eingecheckt habe, der einen Beckenschiefstand hat. Und Sie sind der einzige neue Gast heute Nacht.«

»Sie hätten mich gleich benachrichtigen sollen«, warf ich ihm vor, »vielleicht hat ihn Elodie geschickt.«

»Wir haben ihm den Weg gewiesen, aber wahrscheinlich hat er sich in den Fluren verirrt. Es gibt so viele Zimmer im Hotel California. Aber machen Sie sich keine Sorgen. Der Mann mit dem schwarzen Hut wird Sie finden.«

2

Noch im Halbschlaf spürte ich den Schmerz, der mich aus wirren Träumen befreite. Es fühlte sich an, als würde mir jemand glühend heiße Socken über die Füße stülpen. So fing es jeweils an. Dann folgte dieses trügerische Kältegefühl, das Linderung versprach. Aber die Kälte begann zu brennen, meine Füße schmerzten, als wären sie in einem Schraubstock aus Trockeneis festgeklemmt. Die Zehen spreizten sich, verrenkten sich krampfhaft, gleich würden die kleinen Gelenkknochen brechen.

Ich öffnete die Augen, ließ sie nach links und rechts rollen, suchte das Zimmer ab. Da waren keine christlichen Inquisitoren am Werk, es war das periphere Nervensystem, verantwortlich für die Stimulanz der Muskulatur, das verrückt spielte. Mein Gehirn sandte Impulse, die unterwegs verlorengingen, wie Daten in einem defekten Kabel, die nur noch wirre Signale beim Empfänger abliefern. Es war nicht das Becken, das schief hing, es war der gesamte Apparat, der in Flammen stand und jede Möglichkeit für ein stabiles Gleichgewicht außer Kraft setzte.

Ich versuchte dennoch aufzustehen, aber meine Beine waren steif wie antike Marmorsäulen, ich hätte einen Kran gebraucht, der mich hochhievt und wieder auf die Füße stellt. Ich gab mir einen Ruck, kam zum Stehen, wankte, torkelte, suchte nach dem Nachttisch, aber ich konnte mich darauf nicht abstützen, denn auch die Hände hatten ein Eigenleben entwickelt und die Finger verrenkten sich und versteiften. Ich suchte Halt, riss den Nachttisch zu Boden und fiel der Länge nach hin. Ich musste wie üblich am Boden verharren und warten, bis der Sturm vorbei war. Ich dachte an das Leben, das ich einmal hatte, und dass auch der Tod ein paar Vorteile hat. Denn über den Tod geht das Leiden nicht hinaus.

Als die ersten Sonnenstrahlen ins Zimmer fielen, konnte ich wieder frei herumlaufen. Ich versuchte mich zu erinnern, aber die Fragmente, die mein Gehirn freigab, waren schwieriger zu entziffern als seinerzeit der Stein von Rosette. Ich horchte. Draußen im Flur war ein kratzendes Geräusch. Ich öffnete die Tür, aber es war niemand da. Es erklang erneut. In meiner unmittelbaren Nähe. Ich senkte den Kopf und sah auf einen aufgepumpten Perlhuhn-Kugelfisch hinunter, nicht größer als ein kleiner, schuppiger Medizinball mit kurzen Stoppeln. Ich fragte ihn, ob er Mister Dachs sei. Er rollte die Augen und riss seinen schnabelähnlichen Beißapparat auf.

Eine schleimige Fontäne spritzte mir ins Gesicht. Blitzschnell zog er an einem ungewöhnlich langen Stachel, der zwischen seinen Beinen hing. Das Maul ging auf, ich konnte in seinen Rachen hineinsehen. Von dort schoss etwas heraus wie ein Katapultgeschoß, ein gezacktes Sägeblatt, das haarscharf an meiner Schläfe vorbeisauste. Ich konnte mich gerade noch wegducken und fiel dabei rückwärts aufs Bett. Das Sägeblatt fräste das Holzgestell, Späne wirbelten durch die Luft. Ich hielt mich an der Glockenkordel fest, schwang mich über den Kugelfisch und landete unsanft vor der offenen Zimmertür. Ich schrie vor Schmerz, als sich ein Holzsplitter im aufgefrästen Parkett in meine Fußsohle bohrte. Als ich zurückschaute, sah ich, wie der Kugelfisch den Kopf nach hinten warf und weitere Sägeblätter abfeuerte. Sie sausten über meinen Kopf und bohrten sich in den Rahmen der gegenüberliegenden Zimmertür. Ich stolperte den Flur hinunter, wusste nicht, wohin er führte, es konnte der Himmel sein, aber auch die Hölle.

Aus allen Zimmern erklangen Stimmen, *Willkommen im Hotel California*. Ich rannte weiter, immer geradeaus, manchmal teilte sich der Flur und ich musste mich entscheiden, ich rannte einfach weiter, bis ich in einer Wandnische eine Glastüre entdeckte. *24 Hour Breakfast.* Ich stieß die Tür auf, während zwei weitere Sägeblätter an mir vorbeisausten. Im Saal saßen ein Dutzend Menschen jeweils alleine an einem Vierertisch. Sie waren auffallend mager, ausgemergelt. Neugierig bewegte ich mich zwischen den Tischen, die Leute starrten konsterniert ins Leere. Ich fragte eine junge Frau, ob ich mich zu ihr setzen dürfe. Sie reagierte nicht. Mit ihrem leicht depressiven Blick erinnerte sie mich an missgelaunte Models, die sich in die eigene Magersucht verliebt hatten. Am nächsten Tisch saß ein in die Jahre gekommener Junkie, der bereits mumifiziert war. Unter seinen Füßen trocknete eine Lache mit all den Körpersäften, die er während des Verwesungsprozesses abgesondert hatte. Es schien, als hätten alle Leute in diesem Saal eines Tages beschlossen, nicht mehr zu essen. Ich ging zum Frühstücksbuffet.

Das Hotel hatte zwölf Edelstahl-Schalen aneinandergereiht. Sie waren leer. Ich setzte mich an einen freien Tisch und behielt das Buffet im Auge. Ich erschrak, als plötzlich die Tür zum Frühstücksraum mit einem heftigen Knall aufsprang. Don Henley hatte sie mit einem Servierwagen aufgestoßen. Darauf lagen große Schüsseln. Sie waren prallgefüllt mit farbigen Bonbons. Don Henley nahm eine Kelle und füllte damit die Buffet-Schalen. Neugierig ging ich auf ihn zu und fragte, ob es auch Eier mit Speck gebe. Er schaute mich verwundert an und antwortete, »die weißen Pillen löschen das Feuer in Ihrem Körper, Prednison ist ein Kortisonpräparat, aber es zieht nicht alleine in den Krieg, es braucht noch die Kavallerie, das sind die grauen Pillen, sie verhindern, dass Ihre Organe weiter abgestoßen werden, deshalb sehen diese klobigen Tabletten aus wie kleine Panzer in einem Computerspiel, Cellcept hält jedoch das Wasser in Ihrem Körper zurück und deshalb sehen Sie mittlerweile aus wie ein Werbemaskottchen von Michelin-Reifen, das im neunten Monat schwanger ist. Also nehmen Sie am besten ein harntreibendes Medikament, Torem, das sind diese winzig kleinen weißen Pillen, aber diese lösen wiederum Muskelkrämpfe aus. Deshalb empfehle ich eine weitere Pille, Sirdalud, um den Muskeltonus zu senken, leider erschlafft dabei auch ihre Augenmuskulatur und Sie sehen doppelt, Sie können nicht mehr akkommodieren, was wiederum Kopfschmerzen auslöst. Aber auch dafür gibt es ein Medikament.

Wenn Sie täglich mehr als fünf Medikamente einnehmen, haben Sie die Nebenwirkungen nicht mehr unter Kontrolle. Die Pillen ziehen in den Bürgerkrieg. Wir nennen es Frühstücks-Cocktail, doch es löst eine Herzinsuffizienz aus, Bluthochdruck, Osteoporose, Ödeme, manchmal gibt's eine Embolie zum Nachtisch, Lungeninfarkte sind eher selten, aber wir haben hier im Hotel California alles, was Sie brauchen, Ursofalk, Singulair, Valtrex, Zithromax, Nopil Forte, Diflucan, Prograf, Pantozol, das Hotel California ist ein schöner Ort zum Bleiben.«

Ich schaute ihm ratlos zu, wie er die Schalen auffüllte und fragte, ob er nicht wenigstens Orangensaft hätte.

»Wir haben alle möglichen Säfte, Fruchtesäfte, Gemüsesäfte, Körpersäfte.«

»Ich sehe nirgends Fruchtsäfte.«

»Fragen Sie die Gäste.«

»Die reden nicht mit mir, was läuft hier eigentlich für eine Scheiße ab?«, schrie ich.

»Vielleicht sind Sie unsichtbar für unsere Gäste«, antwortete Don Henley ruhig.

»Ach wo, ich sehe Sie und Sie sehen mich …«

»Ich bin nicht Gast hier, ich gehöre zum Inventar. Hat sich Herr Dachs schon gemeldet?«

»Der kleine Mann mit dem schwarzen Hut?«

»Ich traf ihn eben im Flur, er hatte einen Stapel Dokumente bei sich.«

»Falls Sie ihm wiederbegegnen …«

»Wo kann er Sie finden?«, unterbrach mich Don Henley.

»In meinem Zimmer.«

»Welche Nummer?«

»Sie bringen mich um den Verstand! Sie wissen doch ganz genau, dass die Zimmer keine Nummern haben!«

»Ich bringe niemanden um den Verstand, bei uns ist der Gast König, es ist Ihr Gehirn, das sich selbständig macht.«

3

Ich sass ratlos vor dem vergitterten Fenster meines Zimmers, wobei ich mir nicht sicher war, ob es nun meines war oder nicht. Es tat sich gar nichts da draußen, eine öde Wüstenlandschaft soweit das Auge reichte. Es war schwül, mein T-Shirt klebte am Körper. Ich hoffte, dass vielleicht ein Gast das Zimmer betrete, weil er annahm, dass es seines war. Vielleicht würden wir ins Gespräch kommen und er könnte mir einige dringende Fragen beantworten. Ich öffnete die Schublade des Nachttisches. Darin lag eine Tier-Enzyklopädie. Ich blätterte darin. Je mehr ich las, desto mehr wollte ich wissen. Ich habe Tiere immer gemocht. Wenn ich irgendwo zu Besuch war, setzte sich die Katze des Hauses stets auf meinen Schoß, Hunde ließen sich zu meinen Füßen nieder. Ich glaube, sie spürten, dass ich ihnen nichts antue, sie spürten den Frieden in mir. Jetzt wo ich im Krieg war, vermisste ich den Geruch von nassem Hundefell. Denn er erinnerte mich an die Zeit, als noch alles in Ordnung war. Ja, ich habe auch Kühe, Schafe und Hühner gemocht. Aber die Tierwelt besteht nicht nur aus Hunden, Katzen, Kühen, Schafen und Hühnern.

Das Lexikon hatte 745 Seiten, ich wollte sie alle lesen. Doch wenn ich zu lange saß, setzten die Krämpfe ein und spreizten die Finger und reizten die Nerven. Ich konnte keine

Seite mehr blättern. Ich ergriff die Wasserflasche und hielt sie fest umklammert. Irgendwann lässt der Schmerz nach, dachte ich, da sei nun mal so, der Muskel erschlafft, gibt auf, kapituliert. Ich redete mir ein, dass ich eh eine Lesepause einlegen wollte und schaute mich um. Erst jetzt fiel mir auf, dass mein Zimmer möblierter war als das vorherige. Ich erhob mich und ging zum Kleiderschrank. Er war leer. Das Holz in der Rückwand war spröde und rissig, es hatte die feuchte Umgebungsluft aufgenommen und wieder abgegeben. Holz arbeitet und ächzt, aber man kann sich mit ihm nicht vernünftig unterhalten. Im unteren Teil des Kleiderschranks waren die Trockenrisse faustgroß. Licht drang von außen in den Schrank. Das irritierte mich, denn hinter der Holzwand war die rote Backsteinmauer, die das eine Zimmer vom anderen trennte. Woher kam dieses Licht?

Ich kniete nieder und riss ein Stück Holz weg und dann noch eins. Jetzt sah ich das Loch in der Mauer. Ich riss einige Backsteine heraus, bis die Öffnung groß genug war, um hindurchzuschlüpfen. Zu meiner großen Überraschung landete ich nicht im Nachbarzimmer, sondern auf der staubigen Straße einer zerfallenen Geisterstadt, die offenbar seit gut 150 Jahren in der brütenden Hitze der Mojave-Wüste verwitterte. Links und rechts reihte sich Baracke an Baracke, einige waren beschriftet, es gab viele Saloons, ein Postoffice, diverse Stores, Pferdestallungen und sogar einen Zahnarzt. Und wo sich Menschen niederlassen, gibt es Ratten und ein Gefängnis und einen Sheriff.

An den Gebäuden entlang waren die Gehsteige mit Holzbohlen ausgelegt, die gedeckte Veranda bot Schutz vor der glühenden Sonne. Vor dem Cristal Palace waren einige Pferde angeleint. Auf einem saß eine Frau mit Cowboyhut. Ich ging auf sie zu und wollte sie fragen, ob sie das Girl aus der Gasoline-Werbung sei. Doch ich sah, dass ihr Pferd ausgestopft war und dass unter dem schwarzen Cowboyhut ein mumifizierter Kopf mit langen blonden Haaren steckte.

»Es ist erstaunlich«, sagte ich, »dass Ihr Haar so schön geblieben ist.«

»Hi, Cowboy«, erwiderte sie, während ihr Gebiss knirschende Geräusche von sich gab, »willkommen in Bodie, aber du kommst hundertfünfzig Jahre zu spät. Um 1880 lebten hier noch zehntausend Leute, wir hatten vier Dutzend Saloons, unzählige Bordelle, eine China Town mit Opiumhöhlen, Brauereien und wahrscheinlich den übelsten Ruf im ganzen Westen, denn das Gold hatte den Glücksrittern den Verstand geraubt, sie fanden mehr Nuggets als ihre Lastesel tragen konnten, aber sie fanden nie *a heart of gold*. Bereits zum Frühstück gab es die ersten Duelle, Schießereien, Leichen ohne Stiefel, Betrüger wurden gelyncht und als die Goldadern allmählich versiegten, zogen sie weiter in die Rocky Mountains. Es kamen dann noch ein paar Jungs aus Calico, nachdem dort der Silberpreis ins Bodenlose gefallen war und sich der Bergbau nicht mehr rentierte. Aber auch hier hatten sie kein Glück. Nach einem Großbrand war auch Bodie Geschichte.«

Sie began zu singen: »*I wanna live, I wanna give, I've been a miner for a heart of gold*«.

»Ich suche Elodie«, unterbrach ich sie, »nicht Bodie«.

»Wir sind alle auf der Suche nach irgendetwas, weil wir glauben, das könne noch nicht alles sein, da müsse es noch etwas geben, aber ich sage dir, Cowboy, es ist genau das, was du siehst. Und es kann werden, was du daraus machst.«

Ich stieß die Pendeltüren des Cristal Palace auf und betrat den Saloon. Auf dem Bartresen stand die monumentale Bronze-Reiterfigur eines sterbenden Indianers. Ich fragte ihn, wie er mit dem Pferd da raufgestiegen sei. Er antwortete, er sei aus dem Brooklyn Museum geflohen. Seit ihn Charles C. Rumsey vor hundert Jahren erschaffen habe, sei er immer eingesperrt gewesen, aber nie vom Pferd gefallen. Und wenn er schon sterben müsse, dann in Gegenwart seiner Stammesbrüder. Sterben sei eine mühsame Angelegenheit. Ich erwiderte, hier im Saloon sei er doch auch eingesperrt.

»Aber hier sind meine Brüder, die Bedonkohe-Apachen.«

Erst jetzt fielen mir die regungslosen Gestalten an den Tischen auf. Ich ging auf einen älteren Krieger zu, der als einziger nicht den gelbgefärbten Lendenschutz der Prärieindianer trug. Er trug ein weißgepunktetes Stirnband, ein speckiges Oberhemd und die marineblaue Jacke der siebten Kavallerie darüber. Ich fragte ihn, ob er der Häuptling sei. Er verneinte, er sei Medizinmann, sein Vater habe ihm den Namen *Der, der gähnt* gegeben, »mein Vater starb bereits 1837. James Johnson, ein weißer Händler, hatte unseren Stamm zu einem Essen einladen. Mein Vater nahm die Einladung an, er sagte, man müsse den Einwanderern diese Ehre erweisen. Vierhundert Apachen gingen mit ihm. Sie hießen die Bleichgesichter willkommen. Keiner kam zurück. Alle wurden abgeschlachtet und skalpiert, weil die Regierungsverwaltung ab 1837 für jeden Indianerskalp hundert Dollar bezahlte, fünfzig für eine Frau und fünfundzwanzig für ein Kind.«

Ich sah das Leid in seinen Augen und das setzte mir mächtig zu: »Dann bist du Geronimo?«

Die Apachen schauten zu mir hoch, sie schienen mir feindlich gesinnt, obwohl ich nicht für die Verbrechen verantwortlich war, die lange vor meiner Geburt stattgefunden hatten. Ich zögerte zu sagen, dass ich Elodie suche und tat es dann doch.

»Es gab früher Bargirls«, sagte Geronimo, »die hatten bestimmt Namen, aber wir erinnern uns nicht an die Namen der weißen Frauen, nur an jene der Blauröcke und an die Namen unserer toten Kinder und Squaws.«

Geronimo wies mich zur Tür: »Geh deines Weges, Fremder, da draußen findest du das letzte Bargirl. Sie sitzt auf ihrem Pferd und wartet auf ihren Lover. Aber der Skalp ihres Lovers hängt an meinem Gurt.«

Ich trat ins Freie, schaute mich auf der Veranda um. Vor dem gegenüberliegenden Gebäude, einem Postoffice, kniete ein Mann in einem langen grauen Nachthemd auf der staubtrockenen Hauptstraße und trennte mit einer großen Schere etwas aus dem Sand. Das machte mich neugierig und ich ging zu ihm rüber. Zu meinem Erstaunen war die Straße ein Teppich und der Mann schnitt kleine Vierecke aus. Ich fragte ihn, was er da tue. Er schnitt ungerührt weiter und sagte, er sei der Totengräber von Bodie gewesen, aber jetzt seien alle tot, die Typen drüben im Saloon wüssten es noch nicht, aber sie seien auch tot wie das Bargirl auf dem ausgestopften Pferd.

»Aber Mister«, wandte ich ein, »was Sie da tun, scheint mir reichlich sinnlos. Die Straße endet in den Rocky Mountains.«

»Das ist tatsächlich so«, gab er mir recht, »jede Straße endet irgendwo. Aber je älter du wirst, desto ruhiger wirst du, das Leben macht dich demütig, so tief wie dein Alter, du erkennst, mit wie viel Unsinn du deine Zeit verschwendet hast.«

Ich kniete zu ihm nieder und hob den Straßenteppich hoch, ich dachte, vielleicht würde es seine Arbeit erleichtern.

Das war gar nicht so einfach, denn der Belag klebte fest wie ein verleimter Spannteppich auf einem Parkettboden. Die obere Schicht bestand aus einem sandigen Belag mit kleinen verdorrten Grashalmen. Die untere Seite war eine Mischung aus Korkmehl und Jutegewebe. Ich packte das Stück Boden mit beiden Händen und riss daran. Es ließ sich vom Untergrund lösen. Ich rollte den Teppich und schob ihn die Straße hinunter, bis die Rolle unglaubliche Ausmaße angenommen hatte und kaum noch manövrierbar war. Ich stand aufrecht vor der Rolle und wollte weiterstoßen, doch der Teppich machte keinen Wank mehr. Würde ich loslassen, würde er zurückrollen und mich unter sich begraben.

»Kommen Sie zurück, Sie gottverdammter Hurensohn! Sie stehlen die Straße!«

Ein scharfer Wind blies mir ins Gesicht und wehte mir körnigen Wüstensand in die Augen. Ich duckte mich hinter dem aufgerollten Straßenbelag, doch in diesem Augenblick hielt eine heftige Windböe dagegen und der Teppich rollte in die entgegengesetzte Richtung und begrub mich unter sich. Ich wurde von Panik ergriffen. Plötzlich lag ich im Dunkeln und spürte die Last der Straße auf meinem Körper. Ich kroch vorwärts und hoffte, dass ich spätestens am Fuße der Rocky Mountains wieder Tageslicht sehen würde. Was hätte Winston Churchill in meiner Situation getan? Wieso zum Teufel kam mir Winston Churchill in den Sinn? *If You're Going Through Hell, Keep Going. Never, never, never give up.* Ich robbte weiter, es musste sein, es gab keine Alternative. Hätte ich aufgegeben, wäre mein Schicksal besiegelt gewesen. Solange ich nicht aufgab, war noch Hoffnung, wenn auch keine garantierte Aussicht auf Erfolg. Im Leben gibt es keine Garantie und die Hoffnung stirbt bekanntlich zuletzt.

Es dauerte einige Stunden bis ich in der Ferne ein Licht entdeckte. Da war ein Loch im Straßenbelag. Völlig entkräftet erreichte ich die aufgerissene Stelle und schlüpfte an die Oberfläche. Ich holte tief Luft und klopfte mir den Staub von den Schultern. Ich hatte Durst, unendlich Durst. Ich hatte das Ende der Westernstadt Bodie erreicht. Vorsichtig schleppte ich mich auf die Veranda und lief den Weg auf dem hölzernen Gehsteig zurück. Vielleicht würde es mir gelingen ins Hotel California zurückzufinden. Dort gab es wenigstens Wein und bestimmt auch eine Dusche. Ein Motorengeräusch ließ mich zusammenzucken. Ein Feuerwehrauto kam die Straße hinunter. Ein Mann stand auf dem Trittbrett der Beifahrertür. Er winkte mir langsam zu, als der Wagen an mir vorbeifuhr. Ich glaube nicht, dass er mich wahrgenommen hat, denn er winkte noch, als sich das Feuerwehrauto im wabernden Licht auflöste.

Ich setzte meinen Weg fort. Vor einer Eisdiele blieb ich stehen. *Supreme Ice Cream Shop*. Ich betrat den Laden und stellte mich vor den Verkaufstresen. Es war niemand da. An der Wand klebte ein Pin-up-Girl in aufreizender Unterwäsche, sie räkelte sich auf der Spitze der *Memphis Belle*, einem Bomber vom Typ Boeing B-17 der 8. US-Luftflotte, die während des Krieges deutsche Städte bombardiert hatte. Links und rechts waren verglaste Tiefkühltruhen aufgestellt. In einem waren Eis-Kübel, sie nannten sie *Big Daddy, 4 Litres*, das war mir eindeutig zu viel. Im Kühler gegenüber gab es Eis am Stiel, Sorbet, Cola mit Lemon, *schmeckt bestimmt nicht schlecht*, dachte ich, *und löscht den Durst.*

»Sie kommen zu spät«, sagte eine Frauenstimme, die mich unglaublich erregte. Ich drehte mich um, da war niemand.

»Ist da jemand?«

»Ja«, kam die prompte Antwort, »ich schaue Ihnen schon eine ganze Weile zu.«

Das Pin-up-Girl auf der *Memphis Belle* sprach zu mir. Ich ging auf sie zu: »Waren wir verabredet? Sind Sie etwa Elodie?«

»Nein«, antwortete sie, »ich bin nicht das, was Sie sehen. Eine Frau hat nach Ihnen gefragt. Sie war gestern hier und sagte, sie müsse Sie dringend sprechen.«

»Hat Sie einen Namen genannt?«

»Nein.«

»Wie können Sie wissen, dass sie ausgerechnet mich suchte?«

»Sie sagte, sie müsse dringend den Mann sprechen, der auf der Suche nach Elodie sei. Das müssen Sie sein, denn wir hatten seit 1969 keine Kunden mehr und Sie suchen Elodie.«

»Ja, ich suche Elodie. Wie hat mich die Frau beschrieben?«

Das Pin-up-Girl schwieg. Ich löste die Verpackung vom Cola-Lemon-Sorbet und biss ein Stück ab. Es war derart gefroren, dass es mir beinahe den Atem nahm, aber es war erfrischend. Das Pin-up-Girl nahm es mit Genugtuung zur Kenntnis und sagte, dass die Frau mich angekündigt habe, ein Mann würde kommen und ein Sorbet am Stiel kaufen, Cola-Lemon sei seine bevorzugte Geschmacksrichtung.

»Wie sah sie aus?«

»Asiatisch. Sie erinnerte mich an jene durchtrainierten Frauen in hautengen Lederanzügen, die in Actionfilmen Dutzende von Männern mit Samuraischwertern aus dem Weg räumen. Sie war jedoch in friedlicher Mission unterwegs und trug einen Navy Blazer mit goldbraunen Emaille-Knöpfen, weißem Shirt und einer großen Brille. Sie hatte eine Ledertasche bei sich, vollgestopft mit Manuskripten. In der Hand hielt sie ein iPhone, das ohne Unterbrechung piepste. Ich glaube, sie ist eine vielbeschäftigte Frau und wenn sie nach Ihnen sucht, können Sie sich etwas einbilden. Ich fand sie sehr attraktiv, sie hätte auf jedem Magazincover eine gute Figur gemacht, aber da sie ein Kopf größer war als Sie, hätte vielleicht der Kopf nicht auf das Cover gepasst.«

»Wenn ein fleischfressender Tyrannosaurus Rex auf ein Cover passt, dann wohl auch diese Frau«, gab ich zu bedenken, »aber worüber reden wir eigentlich? Hat sie etwas ausrichten lassen?«

»Nicht direkt. Sie sagte *one more thing*, aber weiter sprach sie nicht. Der Mann, den sie suchte, müsse ihr *one more thing* abliefern, er würde schon wissen, dass er im Verzug sei.«

»One more thing for Elodie?«, fragte ich überrascht.

»Ja, *one more thing for Elodie.*«

Ich nahm noch einen Kübel Iced-Coffee. Auf dem Deckel war eine Schale aus Plexiglas. Darin schwamm irgendetwas, das aussah wie eine Erbse, kaum zwei Millimeter groß.

»Ich bin Elodie«, hörte ich eine kindliche Stimme.

Ich verlor vor Schreck beinahe das Gleichgewicht.

»Noch bin ich nichts weiter als eine Zellkugel, doch jetzt trete ich in die Embryonalphase ein, mein Herz hat angefangen zu schlagen, mit hundertfünfundfünzig Schlägen pro Minute doppelt so schnell wie deins. Niere und Leber beginnen zu wachsen. Das Neuralrohr, das Gehirn und Rückenmark verbindet, schließt sich. Würdest du reden, könnte ich dich verstehen, aber du sprichst ja nicht. Du hast mich gesucht und jetzt bist du stumm.«

Ich starrte auf die kleine Erbse und hob sie hoch: »Nein, Elodie, ich spreche zu dir, ich habe dir so viel zu erzählen, bevor ich für immer verschwinde.«

»Wer bist du?«

»Ich weiß nicht, wer ich bin, woher ich komme, wer mich in der Wüste ausgesetzt hat und weshalb ich im Hotel California gestrandet bin. Wenn du groß bist, werde ich nicht mehr da sein. Das ist der Lauf der Dinge, die einen kommen, die anderen gehen, mein Licht erlischt, ein anderes beginnt zu leuchten. Ich werde dich nie sprechen hören und du wirst auch nichts von mir hören. Der Gedanke bricht mir das Herz. Ich hätte dich gerne begleitet und dir ein paar Dinge erzählt, die in meinem Leben wichtig waren. Man muss nicht jeden Fehler wiederholen, den bereits Milliarden von Menschen begangen haben. Wenn du klug bist, hörst du zu und lernst aus den Fehlern der andern. Deshalb bin ich hier. Ich will dir noch einige Dinge sagen, *one more thing for Elodie*.«

»Ist *one more thing* so wichtig, dass du mich hier aufsuchst?«

»Das wirst du eines Tages selber beurteilen. Ich hätte mir gewünscht, dass ich bereits in meiner Jugendzeit vertraut gewesen wäre mit dem Wissen, der Lebenserfahrung und den Weisheiten des Alters.«

»Wieso kannst du nicht warten, bis ich geboren bin?«

»Du spürst, wenn es zu Ende geht, und dann ist es vorbei mit all den Dingen, die dich ein Leben lang gequält haben. Es ist nicht der liebe Gott, der dich richtet, du bist es. Falls du haderst und bereust, erlebst du in den letzten Tagen die Hölle, eine andere gibt es nicht. Falls du mit Genugtuung auf dein Leben zurückblickst, kann es auch der Himmel sein. Für kurze Zeit, bevor nichts mehr ist, bevor du nicht mehr bist.«

Ich ging mit Elodie zum Verkaufstresen, setzte mich auf einen Hocker und legte Elodie auf eine Papierserviette: »Ich will dir erzählen, was im Leben wirklich zählt, weil du das erst am Ende deines Lebens erfahren wirst. Wenn es vorbei ist. Wenn es zu spät ist. Das ist die Ironie unseres Daseins. Eine andere Hölle gibt es nicht. Lass uns beginnen.

Chapter One: Wenn Menschen sterben, bereuen sie oft, dass sie zu viel gearbeitet und ihren Freundeskreis vernachlässigt haben. Denn egal was du beruflich erreichst und wie viele Reichtümer du angehäuft hast, am Ende zählen jene Menschen, die du geliebt hast, jene, die dich geliebt haben und die wenigen, die noch da sind, wenn du gehst. Man wünscht sich, dass man geworden wäre, wer man immer habe sein wollen. Man wünschte, man hätte wenigstens den Mut gehabt, es zu versuchen.«

»Bereust du?«, fragte Elodie.

»Nein, ich gehe in Frieden. Ich bedaure nur, dass es mir vergönnt sein wird, dich aufwachsen zu sehen. Ich wäre so gerne mit dir in einem Park spazieren gegangen, vielleicht in den Zoo, aber ich darf keine Tiere mehr berühren. Zu viele Keime. Wenn du immunsupprimiert bist, sind Tierkeime eine Gefahr. Es hätte nicht der Zoo sein müssen, ich mag Zoos ohnehin nicht mehr. Ich habe von Tieren viel Liebe erfahren. Ich finde, man sollte sie in Ruhe lassen. Wir hätten uns vielleicht in einem Stadtpark auf eine Bank gesetzt, mit einem Softeis in der Hand.«

»Dann lass' uns gemeinsam ein Softeis essen und ich werde dir zuhören, ich mag den Himbeer-Geschmack.«

Ich nahm das Plastiktütchen mit der Erbse und ging damit hinter den Verkaufstresen. Dort stand eine Softeismaschine. Ich nahm ein Hörnchen aus dem Spender und hielt ihn unter den Trichter. Dann wählte ich Himbeere und zog den Hebel. Das Eis quoll aus der Maschine, füllte das Hörnchen und setzte zum Abschluss ein hübsches Häubchen auf. Ich drückte den Hebel wieder hoch, aber die Maschine stieß weiter Himbeereis aus. Es war schon merkwürdig, dass Elodie nach einem Himbeereis verlangte, wo sie doch gar keine Ahnung haben konnte, wie Himbeere schmeckt.

»Wieso hört die Maschine nicht auf?«, fragte Elodie.

»Vielleicht geht es ihr wie mir. Ich habe mein Leben lang jeden Tag geschrieben, enorm viel geschrieben, denn in der Nacht hatten sich so viele Szenen und Dialoge angesammelt und gestaut, dass ich sie loswerden musste. Ich kam kaum nach mit Schreiben, das war wie eine prallvolle Blase, aber die Blase füllte sich in meinem Gehirn, ich habe in meinem ganzen Leben nie ein weißes Blatt angestarrt. Dass ich soviel geschrieben habe, ist keine besondere Leistung. Anfangs war es vielleicht eine Zwangserkrankung, später ein Akt der Verzweiflung. Anna, meine verstorbene erste Frau, hatte sich stets darüber geärgert, wenn ich im Tiefschlaf Dialoge murmelte, sie trat mich dann mit dem Fuß wie ein Pferd, bis ich aufwachte. Dina hingegen, meine jetzige Frau, ist eine Asiatin, sie ist anders als Europäerinnen, sie hat mich nie aufgeweckt, denn sie wusste stets: ich arbeite. Sie erzählte jeweils ihren Freundinnen, ich sei eine biologische Schreibmaschine, die außer Kontrolle geraten sei, niemand wisse, wie man den Stecker zieht, das ist ähnlich wie bei dieser Softeis-Maschine. Es ist ein Defekt. Aber entscheidend ist stets, ob man damit klarkommt.«

Das Himbeereis lief immer noch aus dem Spender. Ich schätzte, dass die Maschine in etwa zwanzig Liter fasste, aber als ich knietief in der Himbeermasse stand, ahnte ich, dass diese Gastronomie-Maschine an etwas Größerem angeschlossen war. Es musste größer sein als ein Öltank in Saudi-Arabien. Ich hielt Elodie in die Höhe, das Eis reichte mir bereits bis zur Hüfte. Elodie versuchte mich zu beruhigen, ich solle mir keine Sorgen machen, wir würden uns wiedersehen, aber leider wäre es nicht einfach, sie wieder aufzuspüren, denn hier würde sie nicht mehr sein.

»Wo wirst du sein?«, rief ich verzweifelt, während sich die Maschine weiter entleerte und das Softeis unkontrolliert herausspritzte. Die kalte Eismasse drückte nun auf meine Lunge, ich hechelte verzweifelt nach Luft. Das Letzte woran ich mich erinnerte, war der Geschmack von frischen Himbeeren auf meinen Lippen.

4

Tagelang hetzte ich die staubige Hauptstraße rauf und runter auf der Suche nach dem Hotel California. Vielleicht würde ich einem Menschen begegnen, der mir weiterhelfen konnte. Das Cristal Palace, das ich kürzlich besucht hatte, war geschlossen. Das blonde Bargirl saß immer noch auf dem ausgestopften Pferd, aber jemand hatte ihr die Haut abgezogen, die Fettschichten entfernt und sie plastiniert. Nur das blonde Haar war geblieben. Ein ausgefranstes Sofa versperrte die Pendeltür zum Saloon. Meine Lunge brannte bei jedem Atemzug und das Einatmen fiel schwer, als müsste ich jedes Mal einen Anker aus dem Meeresgrund hieven. Ich setzte mich aufs Sofa, lehnte erschöpft zurück und streckte Arme und Beine.

Ich erinnere mich nicht, wie lange ich in dieser Position verharrte. Etwas rüttelte mich auf, es bewegte sich unter meiner linken Hand und fühlte sich warm und kuschelig an. Spontan dachte ich an ein Plüschtier und dass ich es für Elodie mitnehmen könnte. Doch es war ein kleines Löwenbaby, das nun seinen Hinterkopf an mein nacktes Bein rieb und den salzigen Schweiß an meinem schlaff hinunterhängenden Arm leckte. Plötzlich zerriss ein lautes Gebrüll die Stille. Auf der anderen Straßenseite röhrte ein wildes Tier. Es war ein Löwe von ungewöhnlich großem Wuchs, fast so groß wie ein

Kalb, wahrscheinlich eine jener ausgestorbenen Großwildkatzen, die vor etwa zwei Millionen Jahren während der Eiszeit über die gefrorene Beringstraße von Asien nach Amerika eingewandert waren. Jetzt riss das Tier die Schnauze auf, senkte den Kopf und trottete langsam über die staubige Straße. Direkt auf mich zu. Ich wusste, dass ich nun rennen musste. Ich würde dabei zwar seinen Jagdinstinkt auslösen, aber Löwen haben keine Ausdauer, deshalb müssen sie sich so nah wie möglich anpirschen. Ich hoffte, das Löwenbaby würde endlich von meinem Bein ablassen, aber jetzt umklammerte es den Unterschenkel mit beiden Pfoten und stieß immer wieder sein Becken nach vorn, als verwechselte es mich mit einem Weibchen.

Vorsichtig erhob ich mich, zog mein Bein zurück, kletterte über die Lehne des Sofas und ließ mich in den Saloon fallen. Ich duckte mich hinter dem breiten Fenster aus Mousselinglas und sah, wie die Raubkatze zu meinem großen Erstaunen über das Löwenbaby herfiel und es tötete. Wahrscheinlich hatte es kürzlich die Herrschaft über das Rudel übernommen und brachte nun die Jungen seiner Vorgänger um, damit nur noch seine Gene verbreitet würden. Ich hätte gerne noch weiter darüber nachgedacht, zog es aber vor, zu den Latrinen zu rennen. Dort hielt ich inne und horchte. Nichts. Dann hörte ich das Knarren einer Tür auf der anderen Seite der Toilettenanlage. Offenbar gab es zwei Türen. Das kam mir bekannt vor. Wahrscheinlich stammte diese Szene aus einem meiner Romane. Aber ich habe damals bestimmt nicht geahnt, dass es eine Szene aus meiner eigenen Zukunft war. Also war es eher ein Traum oder bloß eine Erinnerung an einen solchen? Auch das musste ich ausschließen, denn was ich gerade erlebte, war real: Der Löwe drückte mit der Pranke die Türklinke nieder und stieß mit dem Schädel die Tür auf. Ich rette mich in eine Kabine und verriegelte die Tür. Über dem Klosett hing der ausgestopfte Kopf einer Antilope. Sie sang

The lion sleeps tonight,
A-weema-weh, a-weema-weh,
a-weema-weh.

Ich trat mit dem Fuß gegen den dünnen Sichtschutz, der zwischen den Kabinen montiert war. Die Holzplatte gab sofort nach. Ich zertrümmerte eine nach der andern. Schließlich glitt ich in einer Urinlache aus und fiel der Länge nach hin. Mir war klar, dass mein Angstschweiß mich verraten würde. Ich blieb liegen und kreuzte die Arme über dem Kopf. So hatte ich mir das Ende nicht vorgestellt.

5

»Was tun Sie hier?«, fragte eine sichtlich besorgte Frau. Es war Penelope, »nehmen Sie die Hände runter.«

»Der Löwe!«, flüsterte ich, »nicht bewegen«.

»Hier gibt es keine Löwen«, beruhigte sie mich, »Sie sind hier in der Empfangshalle des Hotels California. Kommen Sie, ich helfe Ihnen auf.«

Sie führte mich zu meinem Zimmer. Ich setzte mich auf die Bettkante und schaute dankbar zu ihr hoch: »Hat in der Zwischenzeit jemand nach mir gefragt?«

»Der kleine Mann mit dem schwarzen Hut war hier.«

»Herr Dachs?«

»Ja, Herr Dachs. Und eine Frau Fuchs. Sie sah aus wie eine Asiatin.«

»Trug sie einen Navy Blazer mit goldbraunen Emaille-Knöpfen, weißes Shirt und eine große Brille?«

Penelope bejahte und fragte, ob ich ihr bereits begegnet sei.

»Nein«, antwortete ich, »aber, ich weiß, dass sie eine Ledertasche bei sich hat, vollgestopft mit Manuskripten und sie hält ein iPhone in der Hand, das dauernd piepst.«

»Sie kennen Sie also?«

»Nein, ich war drüben in der Eisdiele, dort war sie auch schon. Sie hat nach mir gesucht. Wissen Sie, warum?«

»Ja, sie sagte, ich solle Ihnen ausrichten, dass Sie *one more thing for Elodie* abliefern müssten. Die Novelle sei fest eingeplant für nächstes Jahr.«

»Ich weiß«, seufzte ich und schüttelte ungläubig den Kopf, »Ich hatte früher einen guten Ruf, ich war zuverlässig und schnell, einige Neider behaupteten, ich hätte nur deshalb so viele Drehbuchaufträge erhalten, weil ich nie einen Termin verpasste. Aber es war die Leidenschaft, die mich trieb. Aber das zählt jetzt nicht mehr, oder?«

»Mir schien, dass sie verärgert war, weil Sie tatsächlich einen Ablieferungstermin verpasst haben.«

»Wie soll ich mir einen Termin merken, wenn ich sogar meinen eigenen Namen vergessen habe?«

Penelope nahm mich in die Arme und flüsterte mir ins Ohr, dass das alles nicht so schlimm sei. Im Hotel California spielten Termine keine Rolle mehr, hier würden andere Regeln gelten. Heute Nacht spiele im Hof eine Band, alle würden kommen, einige würden tanzen, um sich zu erinnern, andere, um zu vergessen.

»Das ist gut«, sagte ich, »ich schaue gleich in meiner Agenda nach, ob ich frei bin.«

»Sie sind nicht eingeladen«, bedauerte Penelope und verließ mein Zimmer.

In der Nacht hörte ich wieder Stimmen, *welcome to the Hotel California*. Ich rief den Captain und bat ihn um eine Flasche Wein, er solle mir auch eine Axt mitbringen. Eine Axt? Ja, eine Axt. Wenig später brachte Don Henley das Gewünschte auf mein Zimmer. Ich fragte ihn, ob er nicht an der Party teilnehme.

»Ich sorge dafür, dass die Getränke nicht ausgehen, und wenn ein Gast eine Axt wünscht, bringe ich ihm eine Axt.«

Ich bedankte mich und fragte, ob der schwarze Mann wieder nach mir gefragt habe. »Es gibt keinen schwarzen Mann, es gibt einen kleinen Mann mit einem schwarzen Hut, der einmal nach Ihnen gefragt hat. Ich glaube, ich sah ihn unten im Hof. Er war in ein Gespräch mit einer Frau vertieft, sie trug einen weißen Kittel und einen Mundschutz. Ich vermute, dass sie Ärztin ist, aber sicher bin ich nicht, heutzutage kann alles plötzlich hype und chic sein, die Leute haben keine richtige Identität mehr, sie versuchen etwas zu sein, das sie nicht sind. Wer möchten *Sie* sein?«

»Ich möchte jemand sein, der lebt, jemand, der immer genügend Sauerstoff hat, jemand, der nicht langsam erstickt, ich möchte jemand sein, der nicht bei vollem Bewusstsein seinen körperlichen Verfall miterleben muss. Ich möchte leben.«

»Die Fantasie tröstet die Menschen über das hinweg, was sie nicht sein können, und der Humor über das, was sie tatsächlich sind. Das hat mir ein Gast erzählt, er hieß Albert, aber ich habe ihn schon lange nicht mehr gesehen.«

Don Henley zeigte auf den großen Ventilator an der Decke und fragte, ob die Leistung ungenügend sei. Ich bejahte und trank aus der Flasche.

»Soll ich Ihnen einen zusätzlichen Ventilator bringen?«

Ich schüttelte den Kopf und nahm einen weiteren Schluck, »Das wird nicht reichen, ich bräuchte eher eine zusätzliche Lunge, es ist alles so eng hier, ich brauche mehr Platz.«

»Möchten Sie in eine Suite wechseln? Wir haben viele Zimmer im Hotel California.«

»Ist schon gut, Don Henley, danke und gute Nacht.«

Kaum hatte er das Zimmer verlassen, griff ich zur Axt und zertrümmerte den Wandschrank, den Tisch, den Stuhl und warf das zerhackte Holz in den Flur hinaus, ich brauchte mehr Raum zum Atmen. Aber selbst als das Zimmer leer war, bekam ich nicht genügend Luft. Im Gegenteil, ich war erschöpft von der Arbeit, ließ die Axt zu Boden sinken und fiel keuchend auf die Knie. Ich hörte aufgeregte Stimmen, sie kamen näher. Ich kroch den Flur hinunter und folgte den Richtungspfeilen bis zu den Nasszellen. Ich stellte mich unter die Dusche und ließ das Wasser laufen. In den ersten Minuten war es noch heiß, der Dampf erleichterte die Atmung, dann wurde der Strahl zunehmend kälter. Ich schloss die Augen, warf den Kopf zurück, öffnete den Mund und spuckte das Wasser gleich wieder aus. Das tat gut. Ich blieb solange unter der Dusche, bis das Wasser versiegte.

Ich wechselte zum Indoor-Pool gegenüber. Am Beckenrand lagen nasse Slips und Shorts. Ich stieg ins Wasser und ließ mich treiben. Ich dachte an Elodie, den Feuerwehrwagen und das Himbeereis. Als ich die Augen wieder öffnete, trieb ich draußen im offenen Meer. Ich geriet in Panik, ruderte wild mit den Armen, doch weit und breit war kein Land in Sicht. Plötzlich tauchte eine Frau aus dem Wasser auf und schüttelte ihr langes Haar. Sie war in den Dreißigern, sagte, ihr Name sei Dr. Krebs, sie sei Ärztin. Ich fragte sie, wieso sie ihren weißen Kittel nicht abgelegt habe, das müsse ein ziemliches Gewicht sein, wenn der Stoff mit Wasser vollgesogen sei, es würde sie bestimmt eine große Anstrengung kosten, sich über Wasser zu halten. Sie antwortete, ich solle mich gescheiter um meine eigene Gesundheit sorgen.

»Ich bin okay«, sagte ich, »aber auf immer tieferem Niveau«, ob sie von der Mitternachtsparty im Hof gehört habe?

Dr. Krebs sagte, ich sei alles andere als okay, mein Körper sei die reinste Baustelle, Mitralinsuffizienz, Aorteinsuffizienz, Trikuspidalinsuffizienz, Pulmonaloinsuffizienz, aber ja, sie sei gestern auf der Party gewesen und habe sich mit einem kleinen Mann unterhalten. Er trug einen schwarzen Hut.

»Was will der Mann von mir?«

»Das wird er Ihnen persönlich mitteilen, ich arbeite nicht für den Konzern, der ihn auf sie angesetzt hat, ich bin Pneumologin, oder haben Sie das auch schon wieder vergessen?«

»Was heißt hier *auch schon*?«

»Wir hatten eine Sitzung mit dem Zellersatzambulatorium und der Neurologie. Wir glauben, dass Ihr Gehirn allmählich die Herrschaft über ihren Körper verliert. Das sind die üblichen Langzeitschäden. Wir wollten mit Ihnen darüber sprechen. Wir hatten einen Termin. Sie sind nicht erschienen.«

»Ich war auf der Suche nach Elodie und habe sie tatsächlich gefunden, aber ich konnte ihr nicht alles sagen, was ich mir vorgenommen hatte und mir bleiben nur wenige Monate um ihr zu berichten, was am Ende eines Lebens wichtig ist.«

»Ich schlage Ihnen einen neuen Termin vor«, sagte sie und tauchte unter.

»Wann und wo zum Teufel?«, schrie ich ihr nach und schlug wütend die Faust ins Wasser. Ich erschrak, als sie hinter mir aus dem Wasser schoss und sang:
»*Hotel California, it's a nice place to go, it's a nice place to be.*«

Etwas schlang sich um mein Bein und zog mich in die Tiefe. Ich dachte, das sei jetzt das Ende. Fasst man ein ganzes Leben in wenigen Sätzen zusammen, klingt es wie ein schlechter

Scherz: *Er schrieb lustige Bücher und ertrank.* Der Tod klopft nicht an, wieso sollte er auch? Er verhandelt nicht, er tut, wozu er gekommen ist. Ich schlug wild um mich. Das Wasser drang in meine Lungen, ich röhrte und röchelte, gleich würde ich das Bewusstsein verlieren und was einmal war, würde für immer vorbei sein. Ich ertastete festen Boden unter den Füßen und stieß mich mit letzter Kraft ab. Ich schoss in die Höhe und hielt mich an etwas fest. Es war die gläserne Umrandung eines großen Aquariums. Das Glas zerbrach, die Bruchkanten schlitzten meine Hände auf, ich stürzte auf einen grünlichen Linoleumboden, ein Zierfisch flutschte über meinen Kopf und zappelte vor mir auf dem Boden.

»Haben *Sie* den siamesischen Kampffisch bestellt?«

Ein älterer Chinese mit Ziegenbart stand vor mir und musterte mich neugierig.

»Ich suche Elodie!«

»Wir haben hier tropische Süß-, Brack- und Meerwasserfische, Goldfische, Labyrinthfische und Buntbarsche, aber ein Fisch namens Elodie ist mir nicht bekannt. Eine neue Züchtung?«

»Elodie ist kein Fisch«, sagte ich genervt, »wie wäre es, wenn Sie mir aufhelfen?«

Er reichte mir die Hand und zog mich hoch. Sein Shop war nicht groß, an einer Stange hingen ein paar graue Watthosen. Er reichte mir eine und sagte, die Hosenträger seien verstellbar, »brauchen Sie auch Stiefel?«

»Ich kehre ganz bestimmt nicht in Ihr Aquarium zurück«, sagte ich erbost und schob ihn beiseite, »es muss einen Grund geben, wieso ich hier bin.«

Er antwortete, niemand wisse mit Bestimmtheit wieso er dort sei, wo er gerade sei, »jeder Mensch sucht ein Leben lang

Antworten auf eine unverständliche und grausame Welt.«

Ich machte eine unwirsche Bewegung und fragte ungeduldig, ob sonst noch jemand nach Elodie gefragt habe.

»Ja«, antwortete er zu meinem Erstaunen, »eine Frau war hier. Sie trug einen Navy Blazer mit goldbraunen Emaille-Knöpfen ...«

» ... weißem Shirt und einer großen Brille?« unterbrach ich ihn.

»Ja«, antwortete er, »es müssen starke Gläser gewesen sein, denn dahinter sahen ihre Augen wie Fischaugen aus.«

Ich lief an den Aquarien entlang und rief immer wieder Elodies Namen. Der Chinese legte mir freundschaftlich die Hand auf die Schulter: »Unter Wasser hören die Fische nicht, was die Menschen sagen. Einige haben kleine flüssigkeitsgefüllte Röhrchen hinter den Augen, bei anderen ist das Innenohr mit der Schwimmblase verbunden, sodass Schwingungen der Blase auf das Ohr übertragen werden. Wenn Sie also Elodie suchen, sollten Sie gescheiter die Frau mit den Schlitzaugen fragen.«

»Wieso? Hat Sie etwas über Elodie gesagt?«

»Sie sagte, sie müsse dringend den Mann sprechen, der auf der Suche nach Elodie sei.«

Als ich auf die Straße hinaustrat, erkannte ich gleich die Holzbarracken von Bodie. Ich hielt Ausschau nach etwas, das mir den Weg ins Hotel California weisen könnte. Ein Feuerwehrauto fuhr langsam die Straße hinauf an mir vorbei. Auf dem Trittbrett stand der gleiche Mann wie letztes Mal. Er winkte wie in Trance. Kaum war der Wagen an mir vorbeigefahren, sah ich auf der gegenüberliegenden Straßenseite einen riesengroßen Schwarzbären, der Witterung aufnahm. Ich vermied jede hastige Bewegung und nahm vorsichtig mein Handy hervor. Ich wollte den Nationalpark Yosemite anrufen, doch als ich die erste Taste auf meinem Telefon drückte, flutschte mein Zeigefinger durch das Display, das so weich war wie Himbeereis. Mein Handy zerrann zwischen meinen Fingern. Der Schwarzbär stellte die Nackenhaare auf und röhrte über die Straße. Ich rief ihm zu, er müsse sich verirrt haben, das sei kein Bärengebiet und ich sei nicht aus Erdnussbutter. Das Tier glotzte mich verwundert an. Ich hatte in einem Abenteuerfilm gesehen, dass ein Goldsucher versucht hatte, mit wildem Getue, Geschrei und dem Werfen von Steinen einen Grizzlybären zu vertreiben, aber ein Schwarzbär ist natürlich kein Grizzly und in der Tier-Enzyklopädie des Hotels California hatte die Seite mit den Verhaltensweisen gefehlt. Ich rief dem Bären zu, dass es drüben eine Eisdiele mit Himbeereis gebe, aber meine Worte schienen ihn nur zu provozieren. Er stellte sich auf die Hinterbeine und zeigte seine imposanten Zweimeterfünfzig. Ich rief, Bodie sei groß genug für uns beide, ich sei Vegetarier und würde mich nur von Cola-Lemon-Softeis ernähren.

Vorsichtig ruderte ich mit den Armen auf und ab, als wolle ich einer Boeing 747 die Landebahn weisen. Ich versuchte mit ruhiger Stimme weiterzureden, erzählte von Elodie und begann einen Song von Bruce Springsteens zu singen *»pay me, pay me my money down«*. Ich kam mir albern vor, aber ich wusste, dass Melodien bei Tieren zur Deeskalation beitragen. Aber offenbar nicht bei diesem Bären. Er ließ sich auf alle Vieren plumpsen und trottete nun über die Straße auf mich zu. Ich warf mich in den staubigen Sand, legte schützend meine Hände über den Nacken und rollte mich zusammen. Der Bär stand nun über mir, beschnupperte meinen Nackenschweiß, er würde gleich erkennen, dass ich keine Gefahr darstellte, doch als er nicht von mir abließ, schwante mir, dass er mich als Futter wahrnahm. Er rammte mir seine Schnauze in den Hintern, um mich auf den Rücken zu drehen. In diesem Augenblick ertönte ein schrilles Pfeifen. Der Bär ergriff die Flucht, eine Metro-Rail aus L.A. fraß sich quietschend durch die sandige Hauptstraße von Bodie und hielt abrupt vor dem Saloon. Das war schon ungewöhnlich, aber da ich keine andere Wahl hatte, raffte ich mich auf und sprang in den nächsten Waggon.

Ich setzte mich ans Fenster und schaute hinaus, ich war der einzige Fahrgast. Nach einigen Stunden bemerkte ich, dass die Metro nicht mehr auf Schienen fuhr, sie hatte die Gleise verlassen und schwebte nun über die Mojave-Wüste der grellen Sonne entgegen. Ich hatte keine Angst vor diesem Licht. Doch plötzlich verdunkelte sich die Welt um mich herum und es wurde Nacht. Wir verloren rasch an Höhe und schrammten in eine Sanddüne. Inmitten von einigen Hundert roten Londoner Telefonzellen. Auch das kam mir bekannt vor. Ich versuchte mich an das Buch zu erinnern, an den Titel, an den Namen des Autors auf dem Cover. Das würde mir vielleicht weiterhelfen, auch wenn ich nach wie vor nicht wusste, wer dieser Mann war, der meinen Namen trug. Jemand verließ eine der Telefonzellen. Ich konnte mich nicht erinnern, wann ich zuletzt solche Kabinen gesehen hatte.

Ich betrat die leere Zelle. Diese wuchtigen schwarzen Telefonhörer gab's doch heute nur noch auf Trödlermärkten. Für die meisten Menschen ist alles Müll, was der Vergangenheit angehört, Telefonhörer und Winston Churchill. Aber es gibt Menschen, die beim Anblick schwarzer Telefonhörer in eine quälende Melancholie verfallen, denn sie realisieren, dass alles vergänglich ist und dass das nie das Ende von allem bedeutet. Nur das Ende von einem selbst. Man stirbt alleine und die Welt dreht sich weiter. Altes wird durch Neues ersetzt. Auch die Menschen, die diese veralteten Technologien benutzt haben, verschwinden genauso wie all die Gegenstände, die einst für ihren Alltag so unverzichtbar waren. Ich dachte, dass es für mich selbst auf einem Trödlermarkt keinen Interessenten geben würde, mein Körper war zu kaputt, doch dann kam mir Elodie in den Sinn und das machte mich traurig. Jemand klopfte an die Scheibe der Telefonzelle und zeigte auf seine Uhr, er gab mir zu verstehen, dass ich mich beeilen solle. Hinter ihm bildeten sich Menschenschlangen, die wohl bis an die Westküste reichten. Aber was zum Teufel war mit all diesen Menschen los, dass sie vor einer roten Telefonzelle Schlange standen, wo doch heute jeder ein Handy hat.

Als in der Ferne das Röhren von wilden Tieren ertönte, ergriffen alle die Flucht. Ich zog die Tür meiner Zelle zu und hielt den Griff fest. Ich wollte jemanden um Hilfe bitten, aber da fiel mir ein, dass ich gar keine Freunde mehr hatte. Das setzte mir zu. Wie kann es sein, dass man so lange auf diesem Planeten verweilt und am Ende keinen einzigen Freund hat? Wenn man todkrank ist, stirbt man in seinem Umfeld, bevor man gestorben ist.

Auf der Ablage unter dem Wandtelefon hatte jemand eine transparente Plexiglasbox zurückgelassen, nicht größer als eine Tabakdose. Darin war eine Nährlösung. Und dann sah ich sie wieder, Elodie! Sie war mittlerweile in etwa vier Millimeter groß, der Kopf war bereits erkennbar, aber er wirkte verglichen mit dem restlichen Körper noch unverhältnismäßig groß. Man konnte Augen und Ohren erkennen, aber Elodie glich immer noch einer kleinen, dicken Bohne, die gekrümmt in der Nährlösung lag, den Kopf auf die Brust geneigt. Mir schien, dass die Haut noch dünn wie Pergamentpapier war, deshalb traten die Adern so deutlich hervor. Ich glaube, dass sich erste Ansätze eines Gehirns abzeichneten. Ich nahm den klobigen Hörer von der Gabel und drückte ihn ans Ohr, weil ich ahnte, dass ich auf diese Weise mit Elodie würde sprechen können. Es war so selbstverständlich, als hätte ich mein Leben lang nichts anderes getan.

»Ich bin's wieder, *one more thing, Chapter Two.*

Das letzte Mal haben wir über die Dinge gesprochen, die Menschen am meisten bereuen, wenn die Koffer gepackt und man mit einem Fuß bereits in der Urne steckt. Heute wollte ich über Gesundheit reden. Wenn man sie hat, kümmert man sich nicht darum, und wenn man sie verliert, tut man alles Mögliche, um sie zurückzuerhalten. Aber ich mag heute nicht über Gesundheit reden, lass mich etwas über Freundschaften sagen. Sie sind nach der Gesundheit das Wichtigste im Leben, ich spreche jetzt von guten Freunden, nein, von sehr guten Freunden. Leider erkennt man die sehr guten Freunde erst, wenn man in der Bredouille sitzt. Das ist eine Binsenwahrheit. Als Teenager verschlang ich die Bücher eines deutschen Philosophen, Arthur Schopenhauer. Ein Zitat ist mir geblieben: ›Das Glück ist fort, der Beutel leer und habe auch keine Freunde mehr.‹ Als Teenager kokettierte ich gerne mit diesem Zitat, wenn du aber den Wahrheitsgehalt am eigenen Leib erfährst, ist es gar nicht schön. Am Ende bist du dein bester Freund, denn sterben tut man immer alleine. Auch wenn dich hundert Hände streicheln und hundert Lippen liebkosen, den letzten Schritt tut man alleine. Man ist auch alleine, wenn der Lebenspartner stirbt. Anna hatte ihre Freundinnen gebeten, nach mir zu schauen, wenn sie nicht mehr da ist. Sie versprachen es, alle mit Tränen in den Augen. Ich glaube, wir haben es alle geglaubt. Doch als die Krebsmetastasen Annas Gehirn zerfraßen und sie allmählich in eine zornige Furie verwandelten, wurden ihre jahrelangen Freundinnen unsichtbar und als sie starb, war niemand mehr da. Außer deinem Vater und mir. Ich erinnere mich, dass ein paar Tage später ein Mann vom Krematorium ihre Asche in einem Jutesack vorbeibrachte. Ich kann dir sagen, es bleibt nicht viel übrig nach der Kremation. Dein Vater und ich saßen uns jeden Abend im Wohnzimmer gegenüber. Die beiden Sofas hatten wir wie in einem Vierer-Zugabteil angeordnet. ›Lass uns Zugfahren‹, sagten wir jeweils, und dann begannen wir zu reden. Die Asche vergruben wir im Garten. Dein Vater wollte sie nicht in der Wohnung haben, er wollte auch kein Erinnerungsfoto von seiner Mutter. Es ist übel, was sie ihm angetan hat. Sie machte ihn verantwortlich für ihren Krebs und wurde zunehmend gewalttätig. Oft brachte ich ihn in einem Hotel in Sicherheit. Auch heute nach Jahren will er nichts von ihr wissen. Mit Anna starb auch mein Bekanntenkreis, denn sie war stets für das Gesellschaftliche zuständig. So wurde ich zum Robinson der Großstadt und meine Romanfiguren wurden meine treusten Freunde.

Am Ende des Lebens vermisst man die alten Freunde, denn sie sind besonders kostbar, weil sie einem so vertraut sind und jedes Mal, wenn man sie trifft, fühlt man sich in die eigene Jugend zurückversetzt, man fühlt sich vitaler, entspannter, unbesorgter, ein bisschen zu Hause in einer vertrauten Welt. In jungen Jahren ist man sehr anspruchsvoll, man erwartet von Freundschaften mindestens neunundneunzig Matching Points. Mit zunehmendem Alter wird man toleranter, milder und akzeptiert, dass auch fünfzig Prozent Matching Points ausreichend sind. Ich hatte Freunde und Kollegen im gesamten politischen Spektrum, von den radikalen Outlaws, die an Demos Polizisten verprügeln bis zur Law-and-order-Fraktion, die null Toleranz forderte. Mit dem einen verband mich die römische Antike, mit dem anderen der Rotwein und mit dem Dritten asiatische Kulturen. Aber sie waren fast alle weg, als ich sechs Monate in einem Isolierzimmer der Hämatologie an die Decke starrte und auf den Tod wartete. Es war sehr unwahrscheinlich, dass ich diese fortgeschrittene Leukämie überleben würde. Will man die Krebszellen töten, muss man das Blut vergiften bis der Körper bereit ist für das letzte Gefecht, für die allogene Stammzellentransplantation. Bazooka. Pearl Harbour. Massaker. Hiroshima. Manchmal geht alles drauf, manchmal explodiert nur der Kopf.

Man sagte mir Jahre später, ich hätte mir sämtliche Infusionen aus dem Körper gerissen und habe nackt das Isolierzimmer verlassen und sei auf den Flur hinausgetreten, ich hätte geschrien, dass ich die Schnauze voll habe von dieser ganzen Scheiße. Meine Blutgefäße waren geplatzt, das Blut drückte auf das Gehirn, sie bohrten mir beidseitig den Schädel auf um das Blut abfließen zu lassen und als ich aus dem Koma aufwachte, waren nur noch dein Vater und Dina da. Doch ich starb nicht, noch nicht, und es war später allen peinlich, dass sie mich nie besucht hatten und sie schämten sich und getrauen sich nicht mehr. Dabei will man in dieser Situation nur eins: Präsenz, jemand, der einfach da ist. Das könnte auch ein Pferd sein, wobei Pferde auf der Isolierstation einer Hämatologie nicht zugelassen sind. Es gab immerhin noch zwei Freunde in der Ferne, die mir regelmäßig Mails schickten, der eine lebte in Hongkong, Henry, der andere war dauernd auf Geschäftsreise, aber sie vergaßen mich nicht. Denke daran, wenn jemand in deinem engsten Freundeskreis ein Unglück geschieht, ruf ihn an, besuch ihn, steh im bei, du brauchst dazu kein abgeschlossenes Psychologiestudium. Sei einfach da. Manchmal erleiden Freunde den medialen Tod, weil sie gegen den Zeitgeist verstoßen haben. Rufe sie an, zeig ihnen, dass sie nicht allein sind. *You never walk alone.*

Elodie, ich bin jetzt müde, ich spüre, wie das Leben aus meinem Körper weicht, meine Energie schwindet und ich werde jetzt eine Weile still sein, einfach die Klappe halten und die Augen schließen. Dann spüre ich nur noch eins: Schmerzen, das Brennen unter der Haut und wie sich meine Bronchien zusammenziehen. Und dann fangen die Muskelkrämpfe an und ich sehe eine Szene aus Ridley Scotts Gladiator: ›Ein Mann sollte wissen, wann er besiegt ist.‹ Würdest du es wissen?«

6

»Wir mussten Ihnen ein neues Zimmer geben«, sagte Penelope, als sie mich im Schrank entdeckte. Ich schaute hoch und fuhr mir benommen über die Wangen. Sie waren weder kalt noch klebrig. Der Geruch irritierte mich, es war weder Himbeere noch Lemon, eher ein Desinfektionsmittel. Ich war nackt und enthaart wie ein gerupftes Huhn. Penelope bemerkte, dass es mir unangenehm war, aber sie beruhigte mich: »Hier laufen viele nackt herum, man wird nackt geboren und am Ende nackt in den Ofen geschoben. Was übrig bleibt sind ein Haufen Knochen, die in der Presse zerbröselt werden, bis Sie nicht mehr Volumen haben als ein Sack Reis.«

Ich stieg aus dem Schrank und setzte mich auf den Bettrand: »Ich war nur eine Weile weg.«

»Wie töricht von Ihnen«, sagte Penelope, »ich habe Ihnen doch gesagt, dass Sie jederzeit auschecken können, aber dass Sie diesen Ort nie verlassen können.«

An der Wand hing ein gigantisches Panoramabild hinter einer massiven Acrylplatte. Die Bären, Löwen, Pferde und Fische wirkten so echt. Sie starrten mich an und zeigten dabei keinerlei Regung.

»Wir haben Sie beim Frühstück vermisst.«

»Sie nennen das Frühstück? Wohl eher aktive Sterbehilfe.

Der Appetit ist mir längst vergangen. Ich habe nur noch Durst, unendlich Durst.«

Penelope zeigte auf einen roten Lederstuhl unter dem Acrylbild. Es war kein gewöhnlicher Stuhl, denn ihm fehlten die Beine.

»Den Sitz hat ein Gast zurückgelassen.«

»Und die Beine hat er mitgenommen?«

»Wahrscheinlich. Er fuhr einen schwarzen Mercedes-Benz, ein Nachkriegsmodell aus dem Jahre 1949; herausstehende Kotflügel, aufrechter Kühlergrill. Hollywood hat ihn in jedem Mafia-Film eingesetzt, Schwarz war damals die beliebteste Farbe.«

»Nein«, widersprach ich, »schwarze Farbe trocknet am schnellsten, deshalb waren die Autos schwarz.«

»Sie kennen sich aus. Sind Sie Handlungsreisender in Sachen Lacke und Farben?«

»Nein, schwarz ist die Farbe beginnender Erkenntnis, der Wunsch zu sterben.«

»Falls Sie diesen Wunsch haben, sollten sie sich in einen dieser robusten Vierzylinder setzen, die Vordertüren öffnen nach hinten und wenn der Fahrtwind eine gewisse Geschwindigkeit erreicht, kann es schon mal vorkommen, dass sich die Türen von selbst öffnen. Deshalb nannte man diesen Benz auch Selbstmordvehikel. Damals kannte man weder den obligatorischen Sicherheitsgurt noch die legale Sterbehilfe.«

»Jaja, schon gut«, murmelte ich, »bringen Sie mir Wein, ich habe Lust, mich zu besaufen.«

Sie zeigte auf die Kordel, die über meinem Bett hin: »Rufen Sie den Captain, Don Henley ist der Sommelier im Hotel California.«

Als sie bereits im Flur stand, drehte sie sich nochmals um und sagte, eine Frau Krebs, ein Herr Dachs und eine Frau Fuchs hätten nach mir gesucht.

»Ist es ein Zufall, dass alle drei Nachnamen von Tieren haben?«

»Wahrscheinlich schon. Ein Gast, der vor Jahren einmal eincheckte, sagte mir, es gebe genau 174 Tiernamen, die als Nachnamen benutzt würden. Somit sind Zufälle nicht ungewöhnlich, es ist dem Aberglauben der Menschen geschuldet, dass sie stets versuchen, Zusammenhänge herzustellen, damit unser Dasein einer gewissen Logik folgt. Damit das Leben Sinn macht.«

»Okay, dann ist es eher Zufall. Aber wieso wusste Ihr Gast all diese nutzlosen Dinge?«

»Er hatte ein Zimmer im dritten Stock und schrieb an einer Enzyklopädie.«

»Sie meinen das Lexikon, das in der Nachttischschublade liegt?«

»Ja, die ist von ihm. Er schrieb jahrelang, und als er beim Buchstaben ›Z‹ angekommen war, platzte seine Aorta und er brach über der Schreibmaschine zusammen, ich glaube, es war eine Hermes Baby. Wir haben den Text Frau Dr. Fuchs geschickt, das war in seinem Sinn, und als Dank hat uns der Verlag neunundsechzig Freiexemplare geschenkt. Für jedes Zimmer eins. Das Exemplar für Nummer dreizehn habe ich zu Hause.«

»Ist Frau Dr. Fuchs noch im Hotel?«

»Ja, sie sucht immer noch nach Ihnen. Sie hat sich auch bei Herrn Dachs und Frau Dr. Krebs nach Ihnen erkundigt.«

»Ich frage Sie jetzt nicht, was die alle von mir wollen.«

»Mit Ihnen reden.«

»Worüber?«

Penelope blieb die Antwort schuldig. Sie trat in den Flur hinaus und schloss die Tür. Ich erhob mich, fühlte mich wie gerädert, aber ich war selber schuld. Ich konnte die Arme kaum bewegen, die Sehnen waren entzündet, obwohl das Hotel California keinen Tennisplatz hatte. Aber welcher vernünftige Mensch verbringt schon die Nacht in einem Kleiderschrank? Ich setzte mich in den roten Autositz. Die Polsterung war angenehm, das schätzte ich ganz besonders, denn meine Muskulatur war am Schwinden, sodass ich auf den Fersenknochen lief und auf dem Beckenknochen saß. Ein Rütteln riss mich aus meinen Gedanken. Spontan dachte ich an ein Erdbeben, schließlich lag die Gegend über der San-Andreas-Verwerfung und die zieht sich über eine Länge von über 1000 Kilometern vom Saltonsee bis zum Kap Mendocino.

»Mendocino?«, fragte ich laut, doch ich war alleine im Zimmer. Ich hörte jemanden singen:

I love you so
Please don't go
Please stay here with me in Mendocino
Mendocino, Mendocino
Where life's such a groove

Ich erkannte die Stimme des Texaners Doug Sahm vom Sir Douglas Quintet. Mein ganzer Körper begann zu zittern, ich fürchtete einen epileptischen Anfall und hielt mich mit beiden Händen am Sitz fest. Mit einem Ruck wurde ich zuerst nach hinten geschleudert, dann fiel ich nach vorne über ein dünnes Lenkrad. Ich saß in einem schwarzen Mercedes-Benz 170 V und fuhr durch das Tausend-Seelen-Dorf Mendocino nördlich von San Francisco. Ein Waldbrand hatte vor ein paar Jahren 1200 Quadratkilometer Fläche vernichtet. Aber es gab noch ein Holzhaus, das jemand wiederaufgebaut hatte. Mit hübschem Vorgarten. Ich wollte anhalten und nach einem Glas Wasser fragen, aber der Wagen ließ sich nicht steuern. Als der Song zu Ende ging, hörte ich ein merkwürdiges Geräusch. Es kam aus dem Handschuhfach.

»Elodie?«, fragte ich zaghaft, ich wagte kaum zu hoffen.

»Du wolltest mir noch mehr erzählen, *one more thing*.«

»Ja«, sagte ich, »*one more thing, Chapter Three.*«

Ich öffnete das Handschuhfach und nahm eine runde Tupperware-Box heraus. Ich sah, dass sich Elodies Wirbelsäule, Arme und Beine weiterentwickelt hatten, ihre Hände und Füße sahen aus wie kleine Paddel. Allmählich nahm Elodie menschliche Züge an, das Köpfchen richtete sich auf, wenn ich zu ihr sprach, und ich sah, wie das kleine Herz vor Freude immer schneller pochte. Die Nieren produzierten bereits ein paar Urintropfen, der Magen ein paar Spritzer Magensäure.

»Lass uns über Geld reden, Elodie. Du wirst vielen Menschen begegnen, die behaupten, Geld mache nicht glücklich. Ironischerweise streben sie trotzdem nach mehr Geld, obwohl sie jenen, die ein paar Franken mehr haben, pauschal Moral, Empathie und Glücksfähigkeit absprechen. Sie trösten sich mit dem Sprichwort: ›Geld macht nicht glücklich‹. Treffender wäre: ›Geld allein macht nicht glücklich.‹ Oder zumindest: nicht weniger glücklich. Ich habe jahrelang Menschen auf den Philippinen unterstützt, die sich nur gerade Reis und getrockneten Fisch leisten konnten.

Ich habe Schulgelder, Arztrechnungen und Operationen bezahlt. Sie dankten Gott, obwohl die Überweisungen aus der Schweiz kamen, und ich denke nicht, dass Gott an der Zürcher Goldküste residiert. Geld hat diese Menschen glücklicher gemacht.

Wir haben das letzte Mal über Freunde gesprochen. Freunde sind wichtiger als Geld, aber Geld ist nicht unwichtig, es bedeutet Unabhängigkeit, Freiheit und wenn du zehn Jahre todkrank in deinen vier Wänden isoliert bist, dann bedeutet Geld ein Großbildschirm mit zwei Meter Diagonale und ein Netflix-Abonnement, es bedeutet iPad mit zwei Dutzend Zeitungsabos, E-Books und Heimtherapien. Wenn mich nachts Schmerzen schier zum Wahnsinn trieben, habe ich mir auf Netflix Dokus über die Schönheit unseres Planeten angeschaut, ich habe all die Orte gesehen, die ich nie werde besuchen können. Dieser Luxus hat mich zumindest nicht weniger glücklich gemacht.

Mit sublimiertem Immunsystem lebst du in einer Dauerquarantäne, aber eine Quarantäne mit gefülltem Kühlschrank ist eine Luxus-Quarantäne. Mit Geld kannst du viel Gutes tun, es liegt allein an dir. Ich traf Millionäre, die bescheiden und enorm großzügig waren, ich traf andere, die krankhaft geizig waren und dem Klischee des bösen Kapitalisten entsprachen. Ich habe selbst beides erlebt, Armut und Reichtum, wobei wir hier in den Industriestaaten gar nicht wissen, was Armut ist. Das lernt man in den Entwicklungsländern. Von daher war ich als Kind nur nach westlichen Maßstäben arm. In der Schweiz gilt man als arm, wenn man nicht zweimal im Jahr in Urlaub fahren kann. Meine Eltern hatten weder Auto noch Fernseher, ich schlief in ihrem Schlafzimmer und die Ferien verbrachte ich auf dem Bauernhof meiner geliebten Großmutter im französischsprachigen Schweizer Jura. Als ich Hals über Kopf aus meinem Elternhaus floh und keine Schulen mehr besuchte, trug ich Flip-Flops und fünf Franken im Sack, das ist keine Anekdote, das war tatsächlich so. Ich hatte den Ehrgeiz, Geld zu verdienen, um nie mehr in dieses religiöse Irrenhaus zurückkehren zu müssen. Ich schlief in Abbruchhäusern und ernährte mich von Marktabfällen, ich schrieb Bücher, die kein Lektor zu Ende las. Als dein Vater auf die Welt kam, musste ich das Bohemien-Leben an den Nagel hängen, er erlitt wenige Tage nach der Geburt aufgrund eines Behandlungsfehlers eine Zerebral-Parese, er war halbseitig gelähmt. In keltischen Kulturen hätte man ihn verehrt, weil man annahm, dass Menschen mit Lähmungen das Zuhause der Götter sind und es gerade deshalb für diese Menschen gar nicht notwendig ist, sich zu bewegen, doch die Ägypter und andere Völker brachten sie um. Später war man weniger brutal, aber nicht minder grausam: Man verbannte behinderte Kinder in Heime, wo sie der Willkür der Heimleitung ausgesetzt waren. Einige waren gut, andere schlecht, ein paar wenige kriminell.

Ich hatte nur noch ein Ziel in meinem Leben: deinen Vater zu retten. Ich verdiente damals umgerechnet tausend Euro im Monat, brauchte aber für die Reisen und Therapien im Ausland dreitausend. Ich wurde ein Workaholic, deinem Vater zuliebe, ich schrieb am Fließband Filmdrehbücher, sehr zum Missfallen meiner Kollegen. Damals hielten Romanciers das Drehbuchschreiben für eine minderwertige Arbeit, heute möchte jeder, aber nicht jeder kann, denn zu viele wollen. Im Kulturbetrieb ist Geldverdienen beinahe ein Offizialdelikt. Auf Kosten anderer zu leben ist hingegen legitim, weil ein Künstler keine Toiletten putzen sollte. Ich habe tatsächlich am Anfang in Wirtshäusern WC-Anlagen gereinigt. Für ein Mittagessen. Ich habe zehn Jahre lang ohne jeglichen

Erfolg geschrieben. Dein Vater wird dir eines Tages den blauen Ordner zeigen. Darin findest du über hundert Absagebriefe. Aber mit der Geburt deines Vaters kam der Erfolg. Ich verdiente als Drehbuchautor richtig Geld, zu den besten Zeiten mehr als ein Ministerpräsident. Disziplin ist ein wichtiger Teil des Erfolgs. Aber es ist ziemlich das Letzte, was einem vergeben wird. Neid muss man sich verdienen. Meine Motivation war nicht, berühmt zu werden, dafür war ich viel zu schüchtern, meine Motivation war, deinem Vater die besten Therapien oder das, was ich als Laie dafürhielt, zu ermöglichen. Ich brauchte Cash, jammern ist keine stabile Währung. Die Honorare wurden zum Gradmesser wie die Tore im Fußball.

Dein Vater wird dir eines Tages sagen, dass er nie einem Menschen begegnet ist, der sich so wenig aus Geld macht. Das ist so, ich wollte lediglich Tore schießen. Für deinen Vater. Sowohl Anna als auch Dina hatten jeweils eine Kreditkarte und sie konnten damit machen, was sie wollten. Es war mir so was von egal. All ihre Freundinnen haben sie darum beneidet. Ich hatte nie Interesse an teuren Uhren, ich trug nie einen Ring oder eine Halskette. Bevor Anna starb, schenkte sie mir und deinem Vater eine Rolex. Als Andenken. Da sie bereits bettlägerig war, mussten wir selber in die Stadt gehen und die Uhren aussuchen. Zwei Rolex Submariner. Kaum war sie verstorben, haben wir die Uhren verkauft. Wir wollten nicht täglich an sie erinnert werden. Sie war einst meine große Jugendliebe Annemarie, als sie nach 32 Jahren starb, war sie nur noch Anna. Ich schenkte den Erlös in Hongkong Sariani, einer Single Mom, die ein taubstummes Kind hatte. Sie sollte ihm ein Hörgerät kaufen. Ich dachte, das sei vielleicht eine Möglichkeit, damit Anna in ihrem letzten Lebensjahr doch noch eine gute Tat vollbracht hätte. Ein Jahr später zeigte mir Sariani, was aus meiner Entwicklungshilfe geworden war. Sie hob vor der Webcam ihr T-Shirt hoch und entblößte ihren unnatürlich großen Busen. Das war nicht gerade die Entwicklungshilfe, die ich mir vorgestellt hatte. Das hat mich jedoch nicht entmutigt.

Ich habe auf den Philippinen Dinas Eltern ein solides Haus am Meer gebaut. Es war eines der wenigen Häuser, die im Jahre 2013 den Taifun Yolanda unbeschadet überstanden. Zehntausende starben, Millionen wurden obdachlos, es war einer der stärksten tropischen Wirbelstürme seit Beginn verlässlicher Wetteraufzeichnungen. Nicht Lichterketten und Gebete haben den Menschen geholfen, sondern Geld, das jemand erarbeitet hat und bereit war, es zu verschenken, weil er zur Einsicht gelangt war, dass Schenken mehr befriedigt als Beschenkt-werden. Hingegen habe ich selten Geld ausgeliehen. Du fragst dich wieso? Sobald du zu Geld kommst, wirst du angepumpt. Engen Freunden in einer Notlage kannst du immer Geld ausleihen. Es sind deine besten Freunde, nebst der Gesundheit das Wertvollste überhaupt. Bei nicht so guten Bekannten rate ich dir davon ab. Leihst du Geld für sechs Monate, wird man dir nach einem halben Jahr erklären, wieso eine Rückzahlung im Augenblick nicht möglich ist.

Nach einem weiteren Jahr wird der Betreffende zornig, wenn du ihn darauf ansprichst und nach einem weiteren Jahr kündigt er dir erbost die Freundschaft, weil du ein mieser Dreckskerl bist. Es gibt auch solche, die dann immer mehr wollen, bis sie von dir abhängig und du für sie verantwortlich bist. Aber auch hier kommt der Zeitpunkt, an dem du sagst, die Bank ist geschlossen. Leihst du hingegen von Anfang an kein Geld, bist du von Anfang an ein mieser Dreckskerl. Der

Unterschied besteht darin, dass du in einem Fall noch Geld hast, im anderen Fall nichts mehr. Aber den Titel ›mieser Dreckskerl‹ hast du auf sicher. Ich habe das Problem deshalb so gelöst, dass ich, von wenigen Ausnahmen abgesehen, nur Geld verschenkt habe. Ich hätte mir mit all diesen Spenden mindestens einen Rolls-Royce Phantom kaufen können, aber das Jenseits ist autofrei. Einige in meinem Umfeld haben meine Großzügigkeit verspottet, später hielten sie mich für einen Narren, ihnen war einfach noch nicht bewusst, dass man im Hotel California weder mit Bargeld noch mit Kreditkarten bezahlen kann.«

Mein Mercedes-Benz geriet auf dem Old Coast Highway ins Stocken. *Out of fuel.* Ich fuhr an den Straßenrand. Weit vorne leuchtete ein Neonlicht, USA Petroleum. Ich sagte Elodie, ich sei gleich zurück, ich würde rasch einen Kanister Benzin holen, damit wir zur Tankstelle rüberfahren können, um zu tanken. Als ich vor der Zapfsäule stand, erinnerte ich mich plötzlich, dass man bei dieser Bruthitze weder Tier noch Mensch im Auto zurücklassen sollte. Ich lief also zurück, aber dort, wo ich das Auto abgestellt hatte, war nur ein Ölfleck zurückgeblieben.

7

»Wieso liefen Sie zur Tankstelle, wenn Sie keinen Cent in der Tasche hatten?«

Ich zuckte zusammen und realisierte, dass ich in einem Gästezimmer des Hotels California lag. Glenny saß im roten Ledersessel, die Beine übereinandergeschlagen, die Winchester lässig im Arm.

»Haben Sie das Biest gefunden?«, fragte ich.

Glenny wich meinem Blick aus und biss sich auf die Unterlippe, er sagte, wenn das so einfach wäre mit dem Biest. Es sei ja nicht so, dass plötzlich irgendein Ding auftaucht und sagt, »Hallo, ich bin das Biest.«

»Ich habe Schmerzen, Glenny, ich habe tagsüber Schmerzen und ich habe in der Nacht Schmerzen. Ich habe Angst, ins Bett zu gehen, denn wenn ich mich hinlege, krieg ich kaum noch Luft. Ich kann nur aus Erschöpfung einschlafen, und deshalb dachte ich, wir könnten einen Deal machen.«

»Du willst mit mir Geschäfte machen?«, fragte Glenny verwundert.

»Ja, ich würde dir sagen, dass ich das Biest bin und du würdest mich erschießen.«

»Ich bin kein Mörder, wenn du das meinst.«

»Das meine ich nicht, du wärst mein Arzt, du würdest mich von den Schmerzen befreien, das wäre kein Mord, das wäre fast so etwas wie eine therapeutische Maßnahme oder Schmerzbekämpfung mit Todesfolge. Weißt du, wenn es eh vorbei ist, kann man getrost auf den Abspann verzichten oder bist du im Kino jeweils sitzen geblieben, bis die letzten …«

»Wir sind hier nicht im Kino, *this shit is real.*«

»Ich wollte nur sagen, ich bin nicht der Typ, der gerne in einer Schlange wartet. Wenn ich mir früher ein Hemd oder Schuhe kaufen wollte, was alle zehn Jahre mal vorkam, und es stand bereits jemand im Laden, bin ich gleich wieder rausgegangen. Mit meinem Sohn hatte ich unendlich viel Geduld. Ich habe ihn über alles geliebt. Aber wieso sollte ich ein Schuhgeschäft lieben. Das ist der Grund, wieso ich die letzten vierzig Jahre meines Lebens in den gleichen Jogginghosen verbracht habe, obwohl Karl Lagerfeld behauptete, wer in Jogginghosen rumlaufe, habe sein Leben nicht mehr im Griff. Ich hatte stets alles im Griff, es gab Schicksalsschläge, eine Menge sogar, manchmal strauchelte ich, aber ich behielt alles im Griff. Während Lagerfeld morgens zwei Stunden im Badezimmer verbrachte, um sich so herzurichten, wie er gerne wahrgenommen werden wollte, hatte ich bereits ein weiteres Kapitel geschrieben.«

Glenny schulterte seine Winchester und verließ kopfschüttelnd den Raum. Ich setzte mich auf die Bettkante, versuchte die Zehen zu bewegen, doch sie waren steif wie die der Leichen in Pompeji am Golf von Neapel und eiskalt wie ein gefrorenes Himbeereis. Ich war erleichtert, als meine Füße Feuchtigkeit ertasteten. Ich schaute auf den Boden hinunter und sah, wie eine moosige Krautschicht zwischen den dürren Holzplanken sprießte. Ich wollte Glenny rufen, doch die Tür, durch die er das Zimmer verlassen hatte, war nicht mehr da, die Wände bröckelten, wildes Blattwerk breitete sich über den Mauerresten aus, das Buschwerk gebar Giganten, riesige Mammutbäume, die Könige der Urwälder Amerikas. Bäume wie Wolkenkratzer, die sich endlos in die Höhe reckten, während sich Luft und Boden rasch erwärmten und das Regenwasser als feuchtwarme Luft verdunstete, über 1000 Jahre alte Kolosse, ein Dutzend Meter dick. In ihren Wipfeln lebten Tiere und Pflanzen, die nie den Boden berührt hatten.

Ein leises Kichern ließ mich zusammenzucken. Jemand saß irgendwo da oben in den Baumkronen. Ich blickte hoch und entdeckte das Pin-up-Girl aus der Eisdiele, sie war nackt, lässig ließ sie die Beine baumeln. Ich rief ihr zu, das sei keine gute Idee, sich in diesem Urwald aufzuhalten, das Eis würde schmelzen. Sie lachte nur.

»Ist Elodie bei dir?«

»Ich sagte bereits«, rief sie hinunter, »wir haben Himbeereis, Cola-Lemon, aber die Geschmacksrichtung Elodie …«

»Hör auf damit!«, unterbrach ich sie und hob einen abgebrochenen Ast vom Boden. Ich wollte ihn werfen, doch das Pin-up-Girl war verschwunden. Ich hörte ein stürmisches Knistern im Unterholz. Zuerst dachte ich, das sei das Mädchen, das mir einen Streich spielt. Hinter einer Ansammlung uralter Kiefernbäume trat ein Hirsch hervor. Merkwürdigerweise saß eine Frau auf seinem Rücken. Es war nicht das Pin-up-Girl. Sie trug einen Navy Blazer mit goldbraunen Emaille-Knöpfen, ein weißes Shirt und eine große Brille. Aus ihren Satteltaschen ragten Manuskripte.

»Sind Sie die Göttin der Jagd?«, fragte ich und versuchte zu verstehen, was hier vorging.

»Nein, ich wollte ein Pferd und bekam einen Hirsch. So ist das im Leben. *You can't always get what you want.*«

»Sind Sie enttäuscht, weil Sie *one more thing* erwartet und nichts bekommen haben?«

»Ich bin enttäuscht, dass Sie ein paar Zeilen aus einem Ihrer alten Bücher abgeschrieben haben. Falls Ihnen nichts mehr einfällt, sollten Sie es bleiben lassen.«

»Ich tue gar nichts«, rechtfertigte ich mich, »es geschieht mit mir, ich kann mein Gehirn nicht mehr kontrollieren, es schwirrt wie ein verlorener Satellit im All, jongliert mit meinen Erinnerungen und fügt zusammen, was nicht zusammengehört. Es ist wie in einem bösen Traum, in den man zufällig geraten ist.«

»Das ist kein Traum«, sagte meine Verlegerin, »ich habe Sie aufgesucht, weil Sie den Ablieferungstermin für *one more thing* schon wieder verpasst haben. Haben Sie wenigstens Elodie gefunden?«

»Ich finde sie immer wieder und verliere sie dann, aber die letzte Zeile von *one more* thing ist noch nicht geschrieben, es gibt eine Menge anderer Dinge, die ich ihr noch mit auf den Weg geben will.«

Frau Fuchs reagierte ungehalten und sagte, sie hätten den Titel fürs nächste Jahr schon fix eingeplant und die Vertreter auf Reise geschickt. Aber jetzt sei ihre Geduld zu Ende, kein Mensch warte auf *one more thing for Elodie.*«

»Da irren Sie sich aber gewaltig«, wandte ich ein, »Elodie wäre bitter enttäuscht, wenn ich es nicht zu Ende brächte.«

»Für Elodie brauchen wir keine Startauflage von zehntausend Exemplaren. Die Zeiten haben sich geändert, die Verlage verdienen nur noch die Hälfte, die Autoren verdienen nur noch die Hälfte und am Wochenende erschießen sich Buchhändler in den Lagerräumen. Bookshops sterben wie die Blätter im Herbst und Amazon fliegt mit dem Laubbläser um den Erdball. Selbst die Kundschaft stirbt aus. Und seit die Onlinemedien die Klickzahlen so genau messen können, gibt es immer weniger Buchrezensionen. Literaturpäpste sind überholt wie damals die Pferdekutschen. Online-Kommentare von Leserinnen und Lesern sind hilfreicher. Debatten dominieren jetzt das Feuilleton: Ist Schach rassistisch, weil weiß beginnt? Muss man ein Baby vor dem Wickeln um Erlaubnis fragen? Sind Hochhäuser sexistische Symbole, die in den Himmel ejakulieren? Das sind Fragen, die zurzeit ernsthaft diskutiert werden, denn mittlerweile ist die aktuelle Kultur zur ironiefreien Zone degeneriert, es herrscht ein schriller Tugendterror, ein Mix aus Prüderie, Humorlosigkeit, intellektueller Unschärfe und geschichtslosem Totalitarismus. Die Lautstärke hat längst das Argument ersetzt, und ein religiös anmutender Furor wütet in den sozialen Medien wie zu Zeiten der Inquisition, aber das ist bloß Zeitgeist.

Was bleibt, ist die Simplifizierung in Gedanken, Wort und Schrift. Bewegte Bilder haben die Fotografie ersetzt, Tonspuren stumme Texte, die Zapping-Kultur mag keine Texte mehr, die länger als ein Tweet sind. Je kürzer, desto besser. Achten Sie also darauf, dass *one more thing for Elodie* nicht zu lang wird.«

»Und trotzdem verlegen Sie noch Bücher?«

»Ja, wir können Kleinstauflagen drucken, das ist gut so, denn oft frisst der unverkäufliche Lagerbestand die Gewinne auf. Aber kulturelle und technische Innovationen sind keine Einbahnstraßen. Als die Pferdekutschen von der Eisenbahn verdrängt wurde, begann der kometenhafte Aufstieg des individuellen Reiseverkehrs, überall schossen Hotels aus dem Boden, Druckereien produzierten Reiseführer und Postkarten und Louis Vuitton verkaufte 1854 in der Rue Neuve-des-Capucines Reisekoffer und -truhen für die Besserbetuchten. Die andern konnten sich eh keine Ferien leisten. – Das Ende ist nie das Ende von Allem.«

»Es wird immer Menschen geben, die sich im Winter gerne mit einem dicken Buch unter die Bettdecke verkriechen, um in eine andere Welt abzutauchen«, sagte ich trotzig, »Elodie wird bestimmt Bücher lesen. Ihr Vater ist in einem Meer von Büchern aufgewachsen. Vielleicht wird sie selber eines Tages Bücher schreiben wollen.«

Meine Verlegerin schüttelte den Kopf und sagte, es sei ziemlich normal, dass Teenager Künstler werden wollen, jeder klimpert auf einem Klavier herum, malt Aquarelle oder schreibt an einem zwölfseitigen Roman. Keiner träumt davon, Steuerbeamter zu werden. Damit kriegt man abends in der Disco keine Handy-Nummer.

»*Time will tell*«, gab ich zu bedenken, »wir reden über Dinge, die wir weder wissen noch beeinflussen können.«

»Auf jeden Fall«, sagte Dr. Fuchs, »sind im Augenblick junge Schriftstellerinnen wesentlich gefragter als ältere Herren wie Sie. Je jünger, desto besser. Wir sind geradezu entzückt von der Naivität junger Menschen und knien vor ihnen nieder, als seien sie Leuchtwesen einer überlegenen Zivilisation. Und wir applaudieren, wenn sie den Altersrassismus salonfähig machen.«

»Ich weiß«, sagte ich achselzuckend, »die alten weißen Säcke sind Auslaufmodelle, aber der Zeitgeist ist flüchtig wie die Bademode.«

»Mag sein, aber das wird Ihnen nichts nützen. Haben Sie noch nie überlegt, ein junges Model zu verpflichten, das sich als Autorin Ihrer Bücher ausgibt?«

»Ja, natürlich, ich lebe ja von der Fantasie. Aber es wäre nicht möglich, denn *one more thing* kann nur von einem ausgelatschten Turnschuh geschrieben werden, von einem, der die Schicksalsschläge des Lebens als Crash-Kurs in Philosophie angenommen hat.«

Eine schwüle Hitze drückte auf meine Lunge, ein Schwarm Moskitos verdunkelte das Sonnenlicht, ich wollte in meinen Taschen nach einem Mückenspray suchen, doch ich trug rot-weiße Fußballershorts von Arsenal und stand plötzlich bis zu den Knien in einem Sumpf, umgeben von Zypressen, Palmen und Mahagonibäumen. Das war nicht Kalifornien, vielleicht früher mal Prärie, aber mittlerweile unter Wasser, tropisches Sumpfgebiet. Etwas stieß in meine Kniekehlen, ich sackte unwillkürlich zusammen, sah, wie etwas zwischen meinen Beinen hervortrat. Ich saß plötzlich auf einem schuppigen Ding, umklammerte es mit beiden Armen, um nicht runterzufallen und presste die Beine zusammen, als wolle ich ihm die Sporen geben. Es fühlte sich warm an und atmete. Saß ich etwa auf dem Biest? Der vordere Teil war wuchtig und beinahe doppelt so breit wie lang. Er richtete sich lautlos auf. Das musste der Kopf einer prähistorischen Schlange sein. Ich hatte diese Kreatur schon mal gesehen, das war die dunkle Tigerpython mit den kastanienbraunen Sattelflecken auf Seite 213 der Tier-Enzyklopädie. Im Gegensatz zur Königskobra war die Python nicht giftig, sie war eine Würgeschlange. In den Everglades hatte sie bereits sämtliche Kaninchen verschlungen und die Bestände um neunzig Prozent dezimiert. Nur die Alligatoren hatten überlebt. Und ich. Doch in diesem Augenblick wünschte ich mir, ich wäre nie geboren. Das über hundert Kilogramm schwere Monstrum richtete sich majestätisch auf, reckte den

Kopf und setzte zum Angriff an. Gleich würde es mich verschlucken, wie es zuvor Waschbären, Alligatoren und sogar ganze Schafe heruntergeschlungen hatte. Und Menschen wie mich. Blitzschnell stieß die Python ihre Zunge um meinen Hals und begann mich einzurollen, bis nur noch der Kopf frei war. Die Python riss das Maul auf und hängte den Unterkiefer aus, um den Mund sperrangelweit zu öffnen.

Es wurde finster um mich herum, als sie meinen Kopf verschlang und mühsam durch ihren engen Körper nach hinten presste. Ich wusste, dass sie zwei Wochen brauchen würde, um mich zu verdauen, das war meine Chance. Sie würde aber nicht leicht aufgeben, denn ein neunzig Kilogramm schwerer Mann von einem Meter achtzig würde ihren Hunger für ein ganzes Jahr stillen. Ich hatte die Arme nach vorne gestreckt und ließ mich im säurehaltigen Schleim weiterschieben. Mit dem Becken bekundete sie Mühe, sie begann heftig zu atmen, hatte Koliken, ich hoffte, sie würde nun aufgeben und mich herauskotzen, aber sie tat es nicht. Die Salzsäure in ihrem Magen stank fürchterlich, die Säfte würden mich in den nächsten Tagen zu Brei verarbeiten. Meine Hände ertasteten etwas Synthetisches, es war ein Gummistiefel.

Ich verlor jede Hoffnung, mir war offensichtlich das gleiche Schicksal beschieden. Ich griff in den Stiefel wie nach dem letzten Strohhalm, vielleicht würde ich einen scharfen Gegenstand finden und mich aus dem Körper der Python herausschneiden können. Doch plötzlich gab es einen fürchterlichen Knall, stärker als ein kosmischer Furz, die Schlange hatte sich übernommen und war geplatzt. Ich wurde an ein Flussufer geschleudert. Erschöpft blieb ich liegen und hechelte nach Luft. Den Stiefel hatte ich immer noch umklammert. Ich ließ ihn nicht aus den Augen, denn mir schien, dass sich darin etwas bewegte. Ich griff vorsichtig hinein. Was ich herauszog, überraschte mich. Es war kein Embryo, es war bereits ein Fötus, Elodie. Die inneren Organe hatten sich vollständig entwickelt, das Gehirn wurde von den Schädelknochen bedeckt und Nervenzellen machten es Elodie erstmals möglich, Sinneseindrücke wie Schmerz und Liebe zu empfinden. Sie strampelte zaghaft mit den Armen und Beinen, sie schien dauernd in Bewegung, als könne sie es kaum erwarten, in ein anderes Stadium überzutreten. Doch vorher musste sich der Brustkorb schließen, um das Herz zu schützen. Zahnwurzeln und Fußnägeln würden bald wachsen und erste Härchen sich wie weicher Flaum über die gläserne Haut legen.

»Elodie«, sagte ich leise, »ich bin's, *one more thing, Chapter Four.* »Worüber machen sich Menschen am meisten Sorgen? Die meisten Menschen fürchten Veränderungen, Schritte ins Ungewisse, sie fürchten sich vor einer Zukunft, die alles verändert. Sie mögen den Gedanken nicht, dass plötzlich alles, was einmal war, nicht mehr ist, und man wieder bei null beginnen muss. Doch man beginnt nicht wieder bei null, man beginnt nicht wieder mit einem leeren Rucksack, man wählt eine andere Abzweigung und wie das Quellwasser findet man stets einen Weg ins Tal. Als ich als Vagabund per Autostopp durch Europa trampte, machte ich mir keine Sorgen. In der Pubertät liebt man das Risiko, man ist ungestüm, leichtfertig, unvernünftig, leichtgläubig, frech und nicht in der Lage, aktuelle Ereignisse richtig einzuschätzen, weil es an Lebensjahren fehlt, um zu vergleichen und zu gewichten. Eigentlich ist man als Teenager nicht ganz zurechnungsfähig und hat von nichts eine Ahnung. Man ist deshalb empfänglich für skurrile Ideologien, Verschwörungstheorien, Sekten und abstruse Ängste. In den Medien wirst eines Tages vom nahenden Weltuntergang lesen. Das wird dich schockieren. Aber nach dem zehnten Weltuntergang wirst du nur noch darüber spotten. Mal ist es ein Meteorit, der auf die Erde zurast, mal der dritte Weltkrieg, mal das Klima, das eine Katastrophe biblischen Ausmaßes auslösen wird, mal ein Bakterium oder Virus, das nach Jahrmillionen aus dem schmelzenden Permafrost auftaut, mal sind es feindliche Ufos aus fernen Sonnensystemen. Ich habe in meinem Leben schon Dutzende prognostizierte Weltuntergänge erlebt. Angstschüren ist ein geeignetes Instrument, um sich die Menschen untertan zu machen. So arbeiten Religionen, so arbeiten Regierungen, so arbeiten die Medien. Vor ein paar Tagen las ich, dass in fünfundsechzig Jahren der Asteroid ›2019 SU3‹ auf die Erde prallen könnte. Den Konjunktiv übersieht man vor lauter Panik. Vergiss es. Genieße dein Leben, es ist einmalig!

Als ich jung war, vertraute ich dem geschriebenen Wort, ich dachte, dass alles, was gedruckt ist, auch wahr sei. Ich dachte, das müsse so sein. Lass dich nicht verrückt machen! Global betrachtet geht es der Menschheit besser als vor fünfzig Jahren, auch wenn es im Einzelfall noch viel Leid und Schmerz gibt. Wenn du groß bist, wird niemand mehr an Leukämie oder an den Folgen der Behandlung sterben. Sorge dich nicht, lebe!

Nimm mir nicht übel, dass ich als alter Sack derart über die Geistesverfassung von Teenagern herziehe. Ich war auch mal einer und ich habe es genossen. Genieße es. Es ist eine wunderbare Zeit, weil du alles zum ersten Mal erlebst. Deshalb bleibt es so stark in der Erinnerung verankert. Ich war naiv, meine Freunde waren es auch. Einige sind es geblieben. Lass dich von niemandem vereinnahmen, auch nicht von mir. Informiere dich breit, lies die internationale Presse und bilde dir deine eigene Meinung. Zieh dich nicht in eine Meinungsblase zurück, wo du nur noch mit Gleichgesinnten verkehrst. Wer eine andere Meinung hat, ist nicht dein Feind, er hilft dir, deine eigene Position zu überdenken. Auch die Debattenkultur unterliegt dem Zeitgeist. Es gilt immer eine Balance zu finden zwischen Überempfindlichkeit und Verharmlosung.

Eigentlich wollte ich über etwas anderes reden. In 65 Jahren wirst du noch nicht pensioniert sein, vielleicht erst mit 72, deine Rente wird kleiner sein als ein Taubenschiss. Du wirst auf Ersparnisse zurückgreifen müssen. Ich werde dir etwas hinterlassen, aber es reicht nicht für ein ganzes Leben. Wie man Geld verdient, werde ich dir später erzählen, heute reden wir über die Angst vor Veränderungen und prognostizierte Weltuntergänge. Als Teenager verfügst du über die Erfahrung von sehr wenigen Jahren. Das ist nicht die ganze Welt, auch wenn du glaubst, du hättest schon alles begriffen. Ich weiß, wovon ich spreche. Ich war auch mal Teenager. In den 1970er-Jahren schockierte mich ein Sachbuch und raubte mir den Schlaf, ›Die Grenzen des Wachstums‹, alles würde den Bach runter gehen, sogar das Benzin würde uns ausgehen, aber das Benzin ging uns nicht aus. Die Verzweifelten rechneten nicht damit, dass der Mensch intelligent genug ist, um mit technischen Erneuerungen Probleme zu lösen. Auch ein Super-GAU in einem russischen Atomkraftwerk würde ganze Landstriche entvölkern. Leider sind viele gestorben und zahlreich waren später die missgebildeten Neugeborenen. Doch die Welt ging nicht unter und vierunddreißig Jahre später brüten Vögel in den Ruinen und Ratten und Mäuse vermehren sich. Wir haben zwar nicht das Immunsystem dieser Nager, aber wir haben die Intelligenz, Lösungen zu finden. Lass dich also nie verrückt machen.

Sorge nicht! Genieße dein Leben! In jungen Jahren ist es am Schönsten, weil dich alles in Erstaunen versetzt, weil du es zum ersten Mal erlebst.

Als dein Vater auf die Welt kam, machte ich mir Sorgen, sehr große Sorgen. Nachts wälzte ich die grausamsten Szenarien, nichts kann Autoren derart quälen wie die eigene Fantasie. Schriftsteller neigen dazu, alles zum schlechtmöglichsten Ende weiterzuspinnen. Ich hatte also viele Fragen, die mir niemand beantworten konnte. Was geschieht mit deinem Vater, wenn ich einmal tot bin? Wird er von einem sadistischen Heimleiter vergewaltigt? Wer wird ihn beschützen? Ich machte mir sehr viele Sorgen und auch Anna machte sich Sorgen. So malten wir uns gemeinsam Horrorszenarien aus, die unsere Träume zu Albträumen machten.

Auch Jahre später hatten wir noch sehr große Sorgen, weil die öffentlichen Schulen deinen Vater nicht wollten. Sie dachten, wenn er nicht laufen kann, kann er auch nicht denken. Ich fragte damals den Schuldirektor, ob er von seinem Amt zurücktreten würde, wenn er sich beim Skifahren das Bein brechen würde? Es ist kein Scherz, dass er sich im folgenden Winter tatsächlich ein Bein brach und dann mit seinen Krücken ausrutschte und sich gleich noch das zweite Bein brach. In einem Drehbuch wäre das eine absolut unglaubwürdige Szene, aber Filme müssen nicht wahr sein, sie müssen glaubwürdig sein. Es gab eine Lehrerin und einen Lehrer, die sich für deinen Vater einsetzten und es gab auch solche, die ihn wie einen Aussätzigen bekämpften. Wir fragten uns oft, wird er eine Arbeit finden, wird er heiraten, wird er in einem Heim vereinsamen? Werden wir uns alle gemeinsam umbringen müssen, um ihm weiteres Leid zu ersparen?

Heute besitzt dein Vater zusammen mit seinem Jugendfreund eine Anwaltskanzlei und ist Richter am Strafgericht. Er ist sehr glücklich mit deiner Mutter und beide freuen sich auf deine Geburt. Siehst du, wir haben uns damals vergebens Sorgen gemacht. Natürlich muss man sich Gedanken machen und Strategien entwickeln, aber wenn die Pläne in zu weiter Ferne sind, lachen sich die Götter kaputt. Was ich dir sagen will: Im Leben macht man sich zu neunzig Prozent Sorgen über Dinge, die nie eintreffen. Das solltest du dir unbedingt merken. Es erspart dir viele Qualen. Als ich vor zehn Jahren an Leukämie erkrankte, bestand kein Zweifel, dass ich in wenigen Wochen sterben werde.

Als ich aus dem Koma aufwachte und den Chirurgen, der mir den Schädel aufgebohrt hatte, fragte, ob die Hirnblutung Folgen haben würde, falls ich diesen Blutkrebs überlebe, konnte er ein Lachen kaum unterdrücken, denn es war derart absurd anzunehmen, dass ich diese Form der Leukämie überleben würde.

Ich habe schwierige elf Jahre hinter mir, war manchmal fünfmal pro Woche im Spital, meistens ambulant, manchmal stationär, manchmal auf der Intensivstation, ich habe jeden Tag ans Sterben gedacht, denn ich wusste, dass es mir immer schlechter gehen würde und dass meine Krankheit unheilbar ist. Die fremden Blutstammzellen würden meine Organe abstoßen, bis nichts mehr da war. Rückblickend habe ich mir jahrelang vergebens Sorgen gemacht. Jetzt, wo es bald so weit ist, mache ich mir keine Sorgen mehr, ich habe keine Angst vor dem Tod, denn mein Martyrium endet mit dem Tod. Ich habe Angst vor einem qualvollen Ersticken, vor einem Sterben in *slow motion*. Es gibt ein paar Dinge, die ich bedaure, es ist nicht viel,

Regrets, I've had a few,
but then again,
too few to mention.

Es bricht mir das Herz, dass ich Dina alleine zurücklassen muss. In meinen Träumen sehe ich sie alleine auf dem Sofa, in Tränen aufgelöst, verzweifelt. Es raubt mir den Schlaf. Es wird auch für deinen Vater schwer, denn die Schicksalsschläge haben uns zusammengeschweißt, ich war Vater, Mutter und *best friend* in einem.«

Ein Motorengeräusch ließ mich aufhorchen, es kam näher, zuerst dachte ich an diesen aufgeblasenen Perlhuhn-Kugelfisch-Mann mit der Kreissäge. Ich pirschte mich nach vorn, um die Gefahr einzuschätzen. Ein propellergetriebenes Sumpfboot kam den Fluss hinunter. Ein Mann auf dem Schiff hielt eine Winchester quer über der Brust und schien die Gegend abzusuchen.

»Glenny?«, rief ich.

Er tippte sich mit dem Zeigefinger an den Hutrand.

»Suchst du das Biest, Glenny?«

»Yep«, gab er zur Antwort.

»Vorsichtig, Glenny, hier gibts Tigerpythons.«

»Das Biest ist keine Schlange, es ist stets das, was du in ihm siehst und es ist stets dort, wo du nicht suchst.«

Ich fragte ihn, wo wir uns hier befinden, er sagte, wir seien in den Everglades, viele Menschen würden sie aufsuchen, aber nicht alle kämen zurück.

»Die Everglades liegen doch weit weg von Kalifornien.«

»Wenn Raum und Zeit keine Rolle mehr spielen, sind auch Distanzen irrelevant. Kehre ins Hotel California zurück, du wirst erwartet.«

»Nein, ich bin gerade mit Elodie im Gespräch.«

Ich humpelte zu Elodie zurück, aber der Stiefel war leer, Glenny rief mir hinterher, dass man im Leben nicht davonrennen könne.

8

Als ich die Augen öffnete, starrte ich in ein gedämpftes Licht. Ich wagte nicht, mich zu bewegen, denn die Umgebung war neu für mich. Vorsichtig tastete ich mit den Händen die Unterlage ab. Filz. Das war keine Matratze. Ich drehte den Kopf und sah, dass die Filzmatte grün und mit roten und schwarzen Zahlen von 0 bis 36 beschriftet war. Eine Menge Leute standen angespannt um mich herum. Sie trugen weiße Abendkleider und hielten farbig glänzende Jetons in den Händen, einige davon waren klein und rund, andere fast so groß wie ein Handydisplay. Ich spürte den Atem von jemandem, der am Kopfende saß. Er musste kürzlich ein Coq au Vin und eine Zwiebel gegessen haben. Mit Kartoffelpüree wahrscheinlich. »*Faites-vos-jeux*«, hörte ich ihn sagen, »GvHD, Graft-versus-Host-Disease«. Die Besucher begannen ihre Jetons auf die markierten Felder zu legen, einige setzten ihre Jetons an mein Fußende, andere auf der Höhe meiner Hüften.

»Chronische GvHD okulär Grad 3, enoral Grad 3.«

»FEV 1 zweiunddreißig, die Orphelins«, sagte ein anderer.

»Bohrlochtrepanation frontal beidseitig, offene Sinusvene, *Manque.*«

»Lakunärer paramedianer Ponsinfarkt rechts ventral, entzündlich, *Impair.*«

»Rien ne va plus«, sagte die monotone Stimme hinter mir. Ich hörte eine Kugel rollen. Nach einigen Umrundungen holperte sie über Widerstände und kam schließlich zum Stillstand.

»Zero«, sagte der Croupier, ein Raunen erfasste den Saal, jemand sagte *merde*, ein anderer *fuck*.

Eine Frau beugte sich über mich. Sie hatte das halblange Haar zu einem Pferdeschwanz gebunden.

»Ich bin Dr. Krebs, können Sie sich an mich erinnern?«

»Dr. Krebs«, wiederholte ich schleppend, »ich weiß, wer Sie sind. Sie schwimmen im Meer, meine Verlegerin heißt Frau Fuchs und reitet auf einem Hirsch und dann gibt es noch einen kleinen Mann mit einem schwarzen Hut, der nach mir sucht, er heißt Dachs, William Dachs. Man sagte mir, es sei reiner Zufall, dass alle drei den Nachnamen von Tieren haben.«

»Was veranlasst Sie zur Annahme, dass wir Tiernamen haben?«

»Ich weiß es nicht, das war bloß eine Idee«, antwortete ich verunsichert, »aber Krebse sind Krustentiere, nicht wahr? Oder wollen Sie mir sagen, dass Sie einen anderen Namen haben, einen, den ich vergessen habe?«

»Sie können sich keine Namen mehr merken. Das ist eine weitere Folge bei einer fortgeschrittenen Polyneuropathie, das sind Betriebsstörungen Ihres Gehirns, manchmal dauert der Stromausfall etwas länger. Sie versuchen sich mithilfe von Eselsbrücken zu erinnern. Aber offenbar erinnert sie das Wort *Krebs* nicht an meinen richtigen Namen. Ihr Gehirn erleidet auf halber Strecke einen Kurzschluss und Sie bleiben an einem Tiernamen, der als Eselsbrücke gedacht war, hängen.«

»Sagten Sie Eselsbrücke? Schon wieder ein Tiername?«

»Eselsbrücken sind Merksprüche, um sich etwas einzuprägen.«

»Kommen Sie mir bloß nicht damit!«, rief ich verärgert und versuchte mich aufzurichten, »Ich weiß durchaus, was assoziatives Memorieren bedeutet, aber das hat nichts mit einem Esel zu tun.«

»Der Esel ist ein beharrliches Tier. Selbst vor kleinsten Wasserläufen hat er Angst. Er weigert sich, bockt. Deshalb kamen die Menschen bereits vor Hunderten von Jahren auf die Idee, kleine Brücken zu bauen, Eselsbrücken.«

»Ist ja schon gut«, gab ich klein bei und legte mich wieder hin.

»Möchten Sie darüber sprechen?«

»Nein! Ich bin sehr müde, aber ich kann nicht einschlafen, die stete Unruhe hält mich davon ab, sie treibt mir den Schweiß aus den Poren, etwas hämmert in meinem Kopf, gleich wird er explodieren. Falls ich erneut ins Koma falle, wecken Sie mich bitte nicht mehr auf. Lassen Sie es dabei bewenden.«

Sanft legte sie die Hand auf meine Schulter und sagte, dass wir alle eines Tages sterben müssten. Es gebe aber noch ein Medikament, das mir helfen könnte, erst sechs Patienten mit identischer Krankheitsgeschichte hätten es genommen, zwei wären gestorben, aber vier lebten noch.

»Dann werde ich überleben?«

»Es ist ein Versuch.«

Ich schloss die Augen und öffnete den Mund. Sie legte mir winzig kleine weiße Jetons auf die Zunge, einen nach dem andern. Sie sagte, auch dieses Medikament habe Nebenwirkungen, saures Aufstoßen, Übelkeit, Erbrechen, Durchfall,

Appetitlosigkeit, Gewichtsverlust, Schwindel, Schläfrigkeit, Erschöpfung, Hitzewallungen, Kurzatmigkeit, Husten, Kopfschmerzen, sehr starke Kopfschmerzen, Schlafstörungen, Rachen- Atemwegs- und Nebenhöhlenentzündungen, Blaseninfektionen, Erhöhung der Leber- und Nierenwerte, Hirnschläge und Herzinfarkte, haben Sie noch Fragen?

Ich sagte, ich hätte die Augen geschlossen, weil sie sich anfühlten wie glühende Kohlen, aber auch mit geschlossenen Augen könne ich sie verstehen. Sie sprach weiter, ich hörte wohl ihre Stimme, verstand aber die Bedeutung der einzelnen Worte nicht mehr, sie waren nur noch Geräusch, Krach.

»Kommen Sie näher, näher zu mir«, flüsterte ich.

»Ihr Kreislauf verändert sich, der Puls wird schwächer.«

»Ich friere, ich dachte, hier scheine immer die Sonne.«

Sie begann leise zu singen:

The Sun Ain't Gonna Shine (anymore)
the moon ain't gonna rise in the sky,
the tears are always clouding your eyes.

»Sagen Sie den Walker Brothers, sie sollen mir warme Socken und eine Wärmeflasche bringen.«

»Die Walker Brothers haben den Song nur gecovert. Das Lied stammt ursprünglich von Frankie Valli. Bob Crewe und Bob Gaudio hatten es ein Jahr zuvor geschrieben. Aber Frankie Valli hatte damit keinen Erfolg und die Walker Brothers wurden damit ein Jahr später weltberühmt. Wer sät, ist nicht immer derjenige, der erntet.«

»Und was zum Teufel hat das mit warmen Socken zu tun?«

»Es ist normal, dass die Körpertemperatur sinkt und Arme und Beine abkühlen, bevor es zu Ende geht.«

Ich fragte sie, ob ich noch einige Tage Zeit habe oder ob es schon zu Ende sei.

»Im palliativen Stadium sind Prognosen schwierig.«

Der Löwe könnte es mir sagen, dachte ich, aber die Menschen haben Angst vor dem Löwen, *Face the truth.*

Ich sagte Dr. Krebs, dass ich nicht sterben würde, solange das Buch für Elodie nicht beendet sei, »es gibt noch einige Kapitel zu schreiben, ein paar Dinge, die ich Elodie mit auf den Weg geben möchte, *one more thing.*«

»Faites vos jeux«, sang der Croupier am Kopfende:

because time,
it waits for nobody,
and we'll have no more future at all,
time waits for nobody.

9

Ich hetzte in einem weißen Spitalhemd die hügeligen Avocado-Haine Kaliforniens hinunter. Immigrierte mexikanische Landarbeiter hackten mit Macheten die üppig begrünten Äste der Bäume ab und dichteten die Stümpfe mit weißer Farbe. Da es zu wenig Wasser gab, mussten sie auch gesunde Bäume fällen, damit wenigstens einige Avocadobäume überleben konnten. Ich hatte unglaublich Durst, trocknete aus und die Natur Kaliforniens tat es auch. Ich hörte jemanden singen:

Seems it never rains in southern California
seems I've often heard that kind of talk before,
It never rains in California,
but girl, don't they warn ya?

Ich suchte die Avocado-Bäume ab und entdeckte schließlich einen alten Mann auf einem Ast. Es war der Songwriter Albert Hammond, 75 Jahre auf dem Buckel, das war nicht zu übersehen, viel geraucht, viel gesoffen. Er klagte, der Gouverneur habe zum Schutze der Fische im Delta des San Joaquin-Sacramento River die erlaubte Wassernutzung um dreißig Prozent gesenkt. Jetzt würden noch mehr gesunde Avocadobäume geköpft und da die maroden Wasserleitungen eh täglich 900 Millionen Liter Wasser verlören, sei die Situation ähnlich desaströs wie mein Gesundheitszustand. Ich geriet ins Stolpern, streckte meine Arme nach vorne, um den Sturz abzufedern, doch da der Hang steil abfallend und die Winde stark waren, hob ich ab wie ein Gleitschirmsegler und flog über die Avocado-Plantagen Kaliforniens. Ich konnte dabei die Klagen der mexikanischen Lohnarbeiter und die Hilferufe der amputierten Avocadobäume hören, es ging nur um das Wasser, das fehlte. Die Kleinbauern verdorrten wie ihre Bäume, denn ihre Brunnen trockneten aus, weil Unternehmen auf den benachbarten Grundstücken tiefer bohrten, wodurch das Wasser in den Dorfbrunnen versiegte, weil Kalifornien immer mehr Wasser brauchte. Aber von mir aus hätte ganz Kalifornien verrecken können, wenn ich dafür sofort eine gekühlte Flasche Arrowhead aus den Quellen von San Bernardino erhalten hätte. Plötzlich glaubte ich Elodies Stimme zu hören. Im selben Augenblick stürzte ich in die Tiefe, schrammte über eine Avocado-Plantage und blieb im Geäst hängen.

»Was machst du da oben?«, rief mir ein zorniger Farmer zu. »Wenn du nicht sofort verschwindest, werde ich meine Bäume mit deinem Blut bewässern!«

»Ich suche Elodie«, rief ich hinunter, »ich bin nicht von hier.«

Ich hangelte mich mühsam von Ast zu Ast und sprang schließlich hinunter. Ich verdrehte mir dabei das Knie. Der Farmer reichte mir versöhnlich die Hand und half mir hoch: »Bist du auf Diät oder krank?«

»Ich kann nicht mehr richtig essen. Um ein Körnchen Reis herunterzuwürgen, brauche ich ein Glas Wasser. Jede Kaubewegung elektrisiert mein Kiefergelenk, aber das ist nicht mehr meine Sorge, ich habe noch etwas zu erledigen, ich bin auf der Suche nach Elodie.«

»Hör mal, ich würde dir ein paar Avocados empfehlen, die haben fünfundzwanzig Prozent Fettanteil, dann kriegst du ein bisschen Fleisch auf die Knochen. Ich kann dir ein paar mitgeben oder du gehst ins Tal runter und holst dir beim *Chipotle Mexican Grill* noch eine Handvoll Chips.«

Ich schaute ins Tal hinunter, aber ich war mir nicht sicher, ob ich diese Distanz noch schaffen würde. Ich sagte dem Farmer, dass ich Wasser bräuchte, einfach Wasser. Er winkte müde ab: »Wir haben das beste Klima der Welt, um Avocados anzubauen, aber uns fehlt das Wasser, mit dem die Stars in Las Vegas und Hollywood ihre Rasen besprenkeln, bevor sie sich alte Klamotten überziehen, um mit den Klimakids die Welt zu retten. Schauspieler eben.«

»Jaja« brummte ich, »halt endlich deine verdammte Klappe und sag mir, wo ich Elodie finde.«

Der Farmer hörte mir nicht richtig zu: »Jede Avocado, die sie zum Frühstück verzehren, hat siebzig Liter Wasser verbraucht. Nur ein großes Erdbeben kann den Reset-Button drücken und die Avocado-Farmer Kaliforniens retten. Und wenn das nicht bald geschieht, dann wünsche ich mir den Untergang dieser verfickten Welt!«

»Ist ja schon gut«, sagte ich, »ich werde das Erdbeben nicht mehr erleben, Elodie möglicherweise schon, aber auf ihrem Handy.«

»Wenn Sie mir helfen, weise ich Ihnen den Weg zu Elodie.«

«Sie wissen, wo sie ist?«

»Gehen Sie nach Hollywood, verschaffen Sie sich Zutritt zu den Oscarverleihungen, stürmen Sie die Bühne, ersäufen sie die Gewinner in einem Topf Guacamole und stecken ihnen einen Bund Chili in den Arsch, dann wird die Welt über das Schicksal der Avocado-Farmer berichten.«

»Okay«, log ich, »das lässt sich machen, aber nur bei männlichen Oscar-Gewinnern, bei Frauen käme der Tatbestand der sexuellen Belästigung hinzu oder könnte ich da den Chili weglassen?«

Der Farmer reichte mir eine Avocado und sagte, das sei die Alligatorbirne, nach der ich suchte. Als ich zögerte, zog er ein Messer aus seinem Gurt und schnitt die Frucht der Länge nach auf: »Achten Sie auf den Kern und machen Sie sich auf den Weg.«

Ich nahm die Avocado, bedankte mich mit einer zaghaften Verbeugung und setzte meinen Weg fort.

»Achten Sie auf den Kern im Innern«, rief er mir nach, »er ist steinhart, glitschig und bitter, damit man ihn sofort ausspeit, wenn man nach einigen Joints in Versuchung kommt, ihn zu essen. Im Kern steckt der Nachwuchs, der Kern ist das Embryo der Alligatorbirne.«

Während ich weglief, hörte ich ihn singen:

you'll never find that peace of mind
that you've been dreaming of.
Not until you finally decide
To come on home to San Bernadino

Ich setzte mich im Schatten eines Baumes und schälte die Avocado. Zu meinem Erstaunen, fehlte der Kern. Es war schon etwas drin, aber es war nicht steinhart und hatte auch nicht die Form eines Golfballes. Es war in etwa acht Zentimeter groß, transparent wie eine Plexiglaskugel und als ich es aus der Frucht löste und in der Hand wog, schätzte ich es auf vierzig Gramm.

»Elodie?«, fragte ich leise.

Ich war mir sicher, dass ich Elodie wiedergefunden hatte. Die Netzhaut ihrer Augen zeichnete sich dunkel ab, sie bewegte bereits ihre Glieder, aber noch waren die Knorpel weich wie Gelee und die Schädelknochen noch nicht miteinander verwachsen, damit das Gehirn genügend Platz zum Wachsen hatte. Was mich am meisten freute, war, dass die Gehörknöchelchen so weit ausgebildet waren, dass sie nun jedes Wort hören konnte. Ich bin sicher, dass sie auch am Tonfall die Bedeutung verstehen konnte. Als ich erneut ihren Namen aussprach, schnitt sie eine Grimasse und lutschte an ihrem Daumen. Ich wusste, das war nun der Zeitpunkt, um über Gesundheit zu sprechen. *One more thing. Chapter Five.*

»Elodie, in jungen Jahren achtet man wenig auf die Gesundheit, alte Menschen hält man für Angehörige einer anderen Rasse, Kranke sowieso. Man glaubt ewig zu leben und selbst wenn man viele Laster hat, die der Gesundheit schaden, glaubt man, dass man später den richtigen Zeitpunkt erwischt, um damit aufzuhören. Das ist ein folgenschwerer Irrtum. Der innere Schweinehund zieht alle Register, um dich davon abzuhalten, dein Dasein als Couchpotatoe aufzugeben und die Verantwortung für deine Gesundheit zu übernehmen. Lass uns reden über die Gesundheit, denn ohne Gesundheit ist alles nichts. Ich weiß, wovon ich rede, es ist das, was ich für immer verloren habe. Verlierst du die Gesundheit, verlierst du die Zukunft. Ich war ein Leben lang kerngesund, meine Vorfahren erreichten alle ein biblisches Alter, nach Annas Tod brach mein Immunsystem vor Erschöpfung zusammen, ich erkrankte an einer ALL-Leukämie, sechs Monate lang erhielt ich hoch dosierte Chemo-Infusionen und wurde bestrahlt. Zur gleichen Zeit war auch Steve Jobs im Universitätsspital und unterzog sich einer hormonbezogenen radiologischen Krebs-Therapie. Er starb wenige Jahre später, ich überlebte. Seitdem bezahle ich mit zahlreichen Folgeerkrankungen den Preis für dieses Überleben in der Nachspielzeit. Heute bin ich hauptberuflich krank, todkrank, ein Wrack, und es ist kein schöner Tod, der mich erwartet. Zuerst kannst du noch Treppen steigen und draußen stundenlang laufen, später brauchst du den Fahrstuhl und irgendwann brauchst du auch keinen Fahrstuhl mehr, weil die paar Meter vom Bürotisch zum Kühlschrank dich bereits außer Atem bringen. Am liebsten sitze ich nachts an meinem Computer und schreibe *one more thing for Elodie.*

Ich trage eine schwarze Augenbinde über dem linken Auge, da ich nach einigen Seiten doppelt sehe. Ich trage eine Nasenbrille, die mir drei Liter Sauerstoff zuführt, im Mund steckt das Endstück eines Inhalationsschlauches, über das ich ein krampflösendes Medikament einatme, Dospir. Wir nennen es Dosenbier. Dina meint: Besser Humor als Tumor. Mit Dospir sollen die wenigen Lungenbläschen, die noch nicht verklebt sind, geschützt werden. Ich kann nur lachen, wenn ich höre, welche idealen Arbeitsbedingungen meine Kolleginnen und Kollegen zum Schreiben brauchen: eine geräuscharme Umgebung, den Duft eines vermodernden Apfels, psychedelische Musik oder ein paar Pralinen und einen Förderbeitrag. Ich hatte nie ideale Bedingungen zum Schreiben, ich lebte anfangs in Mansarden, im Winter war es zu kalt, im Sommer zu heiß, stickig heiß, und ich kochte jeden Mittag in einem blauen Campingkocher Reis und träufelte Zitronensaft darüber. Mein Alltag war beschissen, aber ich spürte ein Feuer in mir. Hätte ich auf ideale Bedingungen gewartet, ich hätte nie auch nur eine einzige Zeile geschrieben. Würde ich des Geldes wegen schreiben, hätte ich längst aufgehört. Aber ich hatte von klein auf großes Kino im Kopf. Meine Romanfiguren warteten ungeduldig, bis ich sie in Geschichten einbaute und in die Freiheit entließ. Ich war wie ein laufender Wasserhahn, den man nicht abstellen kann und jetzt bin ich ein leckes Rohr, das rinnt und das Lachen vergeht mir allmählich, denn ich weiß, dass Leidenschaft, Wille und Disziplin weder verklebte Lungenbläschen aufblasen noch zerstörte Nervenbahnen wiederherstellen.

Aber eigentlich wollte ich über Gesundheit, Prophylaxe und genetische Veranlagung reden.

Fürchte dich nicht, Elodie, es gibt in unserer Familie kein Dispositiv für Leukämie. Und bis du erwachsen bist, wird Leukämie dank der personalisierten Medizin auch ohne Chemotherapien, Bestrahlungen und Knochenmarktransplantationen behandelbar und heilbar sein. In Annas Familie gibt es aber eine genetisch bedingte Veranlagung für Darmkrebs. Einige Mediziner behaupten, rotes Fleisch begünstige oder löse gar Darmkrebs aus. Ich bin kein Fachmann, ich weiß allerdings, dass mein Schwiegervater, also dein Urgroßvater, passionierter Jäger war und in seinem Subaru abgeschossenes Wild nach Hause fuhr. Die ganze Sippschaft aß Tonnen von Rehfleisch, am liebsten saignant, also blutig. Anna starb an Darmkrebs, ihre Eltern und fast ihre ganze Verwandtschaft starben daran. Du solltest dich deshalb ab dem 40. Lebensjahr alle fünf Jahre einer Darmspiegelung unterziehen. Erkennt man den Darmkrebs frühzeitig, ist er fast immer heilbar. In vierzig Jahren wird es bestimmt einfachste Bluttests geben, die dir ersparen, dass dir der Arzt ein Fernrohr in den

Hintern schiebt. Voruntersuchungen sind entscheidend. Ich hatte Anna wegen ihrer genetischen Vorbelastung für eine Darmspiegelung angemeldet. Dein Vater erinnert sich noch, wie sie mich beschimpfte, weil ich das getan hatte. Sie hatte sich selber anmelden wollen, aber seit Jahren hinausgezögert. Sie zwang mich, den Termin zu stornieren. Das Klimakterium hatte sie bereits in einen weiblichen Macho verwandelt. Als sie vier Jahre später blutigen Stuhl hatte und endlich zum Arzt ging, bedauerte er, dass sie nicht ein oder zwei Jahre früher gekommen sei. Dann hätte der Krebs noch nicht die Darmwand perforiert und gestreut. Er wäre zu 98 Prozent heilbar gewesen, jetzt sei es zu spät, der Krebs habe bereits Metastasen in der Leber gesetzt. Ich sehe jetzt noch den Schrecken in Annas Augen und ich wusste, dass sie in diesem Augenblick realisierte, dass sie selber schuld war. Verfalle aber auch nicht ins andere Extrem, auch wenn uns die Medien mit täglichen Angstkampagnen mittlerweile zu Hypochondern gemacht haben. Ein Zucken des Augenlids? Sofort zum Arzt. Ein bisschen traurig? Burn-out!

Wir leben zurzeit in einer infantilen Gesellschaft, die stets gekränkt, überfordert, wehleidig und im Grunde genommen lebensuntauglich ist. In meiner Muttersprache bedeutet *»gâté«* sowohl verwöhnt als auch beschädigt. Die Steigerungsform ist: *»pourri gâté«*, total verwöhnt, wobei *»pourri«* verfault bedeutet. Schaue dir Dokus an über den Alltag in anderen Kulturen. Nur so kannst du das Schlaraffenland, in dem du aufwächst, richtig einordnen.

Auch bei den Lebensmitteln melden die Medien beinahe täglich eine neue Studie über irgendein Nahrungsmittel und empfehlen eine andere Tagesmenge. Wahrscheinlich ist es unserer Unkenntnis geschuldet, dass wir uns überhaupt noch ernähren. Esse abwechslungsreich, ziehe frische Lebensmittel verarbeitetem Fast Food vor. Du solltest auch nie mit dem Rauchen anfangen. Denke daran, dass jeder Raucher eines Tages mit dem Rauchen aufhören möchte. Fast jeder. Wieso also damit beginnen? Vielleicht wird Rauchen in deiner Generation out sein, ich denke, es wird so sein, aber die Summe aller Laster bleibt stets gleich. Ich habe abends gerne Rotwein getrunken, aber nur, wenn ich zufrieden war mit dem, was ich tagsüber geschrieben hatte. Ich hatte einen großen Weinkeller mit erlesenen Bordeaux Weinen und ein paar italienischen und spanischen Flaschen. Als Anna an Krebs erkrankte, wurde ich Abstinenzler, denn sie bestand darauf, dass nur ich sie pflege, vierundzwanzig Stunden am Tag. Heute denke ich, der jahrelange Stress hat mein Immunsystem zerstört. Aber wen interessiert das noch? Als Anna in unseren Armen starb, ging ich mit deinem Vater nach Hongkong und der Wein hatte Zeit zu altern. Als wir zurückkamen, war der Weinkeller ein kleines Vermögen wert, aber ich kam nicht dazu, einen Cheval Blanc zu entkorken, denn ich wurde krank. In den letzten elf Jahren habe ich über vierzigtausend Pillen geschluckt, ich vertrage nicht einmal mehr eine Weinsauce.

Aber lass uns bei der Gesundheit bleiben. Ab vierzig kriegt man die ersten Quittungen für falsche Ernährungsgewohnheiten, mangelnde Bewegung und zu viel Alkohol, Süßes, Fette, Salziges, rotes Fleisch. Ab ungefähr fünfzig Jahren beginnt die hormonelle Umstellung. Selbst wenn du nicht mehr isst als vorher, du nimmst an Gewicht zu. Es gibt Hunderte von Diäten, fast so viele wie Götter, sie haben eines gemeinsam, sie nützen nichts, schon allein die Tatsache, dass es so viele gibt, sollte ein Hinweis sein, dass keine funktioniert.

Keep it simple: Man muss einfach weniger Kalorien zu sich nehmen, als man verbrennt. FdH, friss die Hälfte. Bewährt hat sich Intervallfasten. Die effektivste Diät ist jedoch eine unheilbare Krebserkrankung. Den Erfolg erkennst du daran, dass du am Ende nur noch vierhundert Gramm wiegst. Ohne Urne.«

10

»Können Sie noch atmen?«, fragte die zierliche Frau mit der roten Rettungsweste. Ich versuchte zu antworten, aber ich bekam keine Silbe heraus. Ich lag in einer Ambulanz. Neben mir saß ein kräftiger, junger Mann, der wahrscheinlich abends Netflix schaute, Chips aß und von Alice träumte,

I don't know why she's leaving
or where she's gonna go,
I guess she's got her reasons
but I just don't wanna know,
'Cause for twenty-four years
I've been living next door to Alice

Alice? Der Mann, der nicht Alice war, gab mir eine Spritze, verkabelte mich, legte mir Infusionen und fragte, ob ich ihn hören könne. Ich starrte auf die obere Fensterluke zu meiner Rechten und sah, wie efeubedeckte Fassaden immer schneller an uns vorbeiflogen, manchmal blieb die Ambulanz stehen, wahrscheinlich vor einem Rotlicht, dann flogen wieder diese Stadthäuser an uns vorbei und die Sirene erschallte von Neuem, während ich im Sekundentakt von einem bläulichen Licht gestreift wurde. Ich erinnere mich noch, dass ich um ein Glas Wasser bat, was aber abgelehnt wurde. Alice hätte er diesen Wunsch bestimmt nicht abgeschlagen. Wir gerieten in einen Demonstrationszug, einige Leute in Karnevalskostümen blockierten die Straße und sangen religiös anmutende Lieder zu Veitstänzen, ein massenhysterisches Phänomen, wie wir es seit dem Mittelalter nicht mehr erlebt hatten. Wir standen im Stau.

Wutentbrannt demonstrierten die jungen Leute für längere Öffnungszeiten in Bars und nahmen in Kauf, dass ich in der Ambulanz *I did it my way* singe und dabei verrecke. Plötzlich gab es einen unglaublichen Knall, der junge Sanitärer flog über meine Liege, der Wagen kam abrupt zum Stillstand, mein Brustgurt war gerissen. Ich erinnere mich noch, wie ich aus dem Wrack kraxelte, draußen war es stockfinster. Das irritierte mich, denn eben hatte draußen noch die Sonne geschienen. Ich stieß den Kopf gegen etwas Hartes, ein Licht blendete mich, ich fiel aus einem Schrank.

»Willkommen im Hotel California«, sagte Penelope, »wir haben Ihnen ein neues Zimmer bereitgestellt, das andere war voller Blut.«

»Ich habe Blut verloren?«, fragte ich erstaunt.

»Nein«, antwortete jemand, der nicht Penelope war, »ich hatte Ihnen eine Blutkonserve angehängt und im Fieber sind Sie plötzlich aufgestanden und wollten das Zimmer verlassen. Dabei ist der Schlauch gerissen und der Beutel geplatzt.«

Frau Dr. Krebs beugte sich über mich: »Penelope ist Ihnen zum Glück im Flur begegnet, sie hatte Angst, dass Sie ihr etwas antun.«

Es war mir unglaublich peinlich, dass ein Mann, der sein Leben lang nie einer Fliege etwas zuleide getan hatte, sie in Angst und Schrecken versetzt hatte. Ich schämte mich.

»Ich sagte Ihnen doch«, hörte ich Penelopes Stimme, »Sie können im Hotel California einchecken, aber Sie können es nie verlassen.«

Ich spürte den Einstich einer Nadel. Es gibt Menschen, die Angst vor Spritzen haben, die bereits Tage vor dem Arzttermin nur noch auf der Toilette sitzen, aber mir ist das so was von egal, der Stich einer infizierten Tigermücke würde mich mehr ärgern.

* * *

Weiß. Alles weiß um mich herum. Endloses Weiß. Es war heiß, meine Kehle war so trocken, dass ich kaum schlucken konnte, geschweige denn um Hilfe schreien. Ich lag im Sand, auch er war weiß, glühend und salzig. Ich erhob mich und machte ein paar Schritte, aber in welche Richtung sollte ich laufen? Nach Norden oder nach Süden? *This could be heaven or this could be hell.* Ich trug ein weißes Spitalhemd, auf dem Rücken offen, vielleicht würden ein paar Skorpione mein Hinterteil sehen. Es war mir egal. Tödliche Krankheiten lernen dich Demut, zwingen dich auf die Knie, nehmen dir deine Würde.

Etwas wog schwer in der Tasche, es war ein Handy. Ich rief meinen Standort auf, hinter mir lag der *interstate Highway I-180*, vor mir der *Bonneville Salt Flats State Park*. Ich begriff, wieso der Sand weiß war, ich war mitten in einer großen Salzwüste, im *Great Salt Lake Desert* im nördlichen Teil des US-Bundesstaates Utah. Das war in prähistorischer Zeit ein richtiger See gewesen, aber gegen Ende der letzten Eiszeit war er ausgetrocknet wie mittlerweile auch mein ganzer Körper. Aber wieso war ich in Utah, über 800 Kilometer von der kalifornischen Küste entfernt? Ich beschloss den *Bonneville Salt Flats State Park* aufzusuchen, dort würde ich ein Taxi nehmen und ins Hotel California zurückfahren. An der Westflanke der Wüstenlandschaft erhoben sich gigantische Bergformationen, kahle und abstoßende, surrealistische Canyons mit rötlichen Felsenbögen und spitzen Türmen, die hoch in den Himmel ragten, furchterregende Wüstenschluchten, Flüsse. Mein Handy zeigte 48 Grad Celsius, dann fing es Feuer und ich musste es wegwerfen. Ich war nun allein, denn dort, wo die Natur so menschenfeindlich ist, lebten keine Menschen. Hier konnte die US-Armee in Ruhe ihre Raketen testen. War ich in Gefahr? Ich blinzelte in die Sonne und verlor das Gleichgewicht, fiel auf den Rücken und ein Schatten streifte mich, immer wieder. Ein Geier flog seine Kreise, manchmal stand er mir in der Sonne. Als er sich auf mich hinunterstürzte, packte ich ihn an den bekrallten Füßen und hielt ihn fest. *Drôle de parachute, mille sabords.* Doch ich war in ernster Gefahr. Das war nun wirklich nicht der geeignete Augenblick für derartige Blödeleien. Der Geier flog mich über die Wüste, ich sagte ihm, er solle mich bloß nicht fallen lassen, sondern im Stadtpark von Colorado Springs absetzen, der liege am östlichen Rand der Rocky Mountains, dort, wo vor Jahrmillionen Gletscher den Pikes Peak ausgeschliffen hatten.

Die Parkbesucher staunten nicht schlecht, als mich der Geier den Fußweg hinaufschleifte, der zur Löwenskulptur auf der Aufsichtsplattform führte. Ein jüngeres Ehepaar stand mit ihren beiden Kindern vor dem wuchtigen Granitsockel. Darauf lag ein mächtiger Löwe im Sterben, ein Speer ragte aus seinem Rücken, der imposante Kopf ruhte auf seiner rechten Vordertatze, die Linke hatte sich am Felsblock festgekrallt.

»Mom«, fragte der Junge, »wieso trägt dieser Mann ein Nachthemd.« Seine Schwester rempelte ihn diskret an und gab ihm zu verstehen, dass sie von hier verschwinden sollten. Ihre Eltern nickten verstört und zogen ihre Kinder weg, weg von mir. Nun war ich alleine mit dem Löwen.

»Werde ich noch lange leben?«, fragte ich ihn.

Er reagierte nicht.

»Ich weiß, dass du aus Stein gehauen bist, ich sah dich vor langer Zeit einmal in einer Felshöhle in Luzern. Bist du den weiten Weg gelaufen oder hat man dich in einem Käfig zum Sterben hergebracht?«

»Ich bin nicht der Löwe von Luzern«, sagte die Raubkatze ohne sich zu bewegen, »überall sterben Löwen, sie symbolisieren das Heldentum, die Tapferkeit, den Willen, nie aufzugeben.«

»Und doch sterben sie am Ende«, sagte ich und wurde von einer Melancholie überwältigt, die mich in letzter Zeit immer öfter heimsuchte.

»Der Däne Bertel Thorwaldsen hat mich vor rund zweihundert Jahren in Rom erschaffen. Ich sollte an die siebenhundertsechzig Schweizer Soldaten und sechsundzwanzig Offiziere erinnern, die 1792 bei der Verteidigung der Bastille in Paris ihr Leben ließen. Sie haben den Absolutismus verteidigt, doch es war ein sinnloses Sterben, denn die Könige wurden von der Revolution weggefegt, geblieben ist das Denkmal.«

»Dann bist du ein Plagiat?«

»Nein, Thorwaldsen ist 1844 verstorben, die Schutzfrist für seine Werke ist mittlerweile abgelaufen. Und ich erinnere auch nicht an Schweizer Gardesoldaten. Hier gedenkt man den dreißig Polizeibeamten, die seit 1895 ihr Leben ließen. Sie haben ihr Leben nicht für einen König geopfert, sondern für die Gemeinschaft. Lies die Inschrift auf der Bronzetafel.«

Ich wich einen Schritt zurück und las:

Ich war dort, wo du fürchtest zu sein.
Ich habe gesehen, was du fürchtest zu sehen.
Ich habe getan, was du fürchtest zu tun.
All diese Dinge habe ich für dich getan.

»Wird auch der Löwe in mir bald sterben?«, fragte ich.

»*Face the truth*, schau der Realität in die Augen, akzeptiere, was du nicht ändern kannst. Du leidest seit Jahren, sehe es als Befreiung an.«

Ich ergriff mit beiden Händen die linke Tatze des Löwen, denn ich sah, dass er etwas darin verbarg. Hinter seiner Tatze gab es einen kleinen Hohlraum und da war irgendetwas. Es war nicht groß, sonst wäre es mir schon früher aufgefallen.

»Elodie?«

Die Plexiglaskugel war größer geworden, es war eine Schneekugel. Im Innern lag ein fertig entwickelter Fötus, alle Organe waren vorhanden, Elodie konnte bereits den Kopf anheben und drehen. An den Fingerkuppen erkannte man die individuellen Hautrillen, die später den unverwechselbaren Fingerprint ausmachen würden. Ich drehte die Schneekugel ein paarmal und sah, wie Elodie Fruchtwasser ein- und ausatmete. Sie trainierte ihre Lungen und das war gut so. Ich musste schmunzeln, als sie die Nabelschnur umklammerte, als würde sie sich gleich wie Tarzans Partnerin Jane an einer Liane durch den Dschungel schwingen.

»Wenn Menschen sterben«, sagte ich Elodie, »glauben sie, dass die ganze Welt im Eimer sei, sie projizieren den Verfall ihres Körpers auf die Gesellschaft, aber es ist nicht der Planet, der zugrunde geht, sondern die eigene Lunge, die eigene Niere, das eigene Gehirn, das eigene Herz.

One more thing, Chapter Six.
Elodie, ich las mal eine Inschrift in der Säulenhalle des Basler Stadtarchivs. Es war von Hölderlin:

Nicht in der Blüht und Purpurtraub
quillt heilige Kraft allein.
Es nährt das Leben vom Leide sich.

Frei übersetzt bedeutet es so viel wie: Das Leben besteht nicht nur aus Sex & Drugs & Rock'n'Roll. Sondern auch aus Schmerz, Verlust und Leid. Und einer Menge Scheiße. Das Leben ist ein Hürdenlauf mit *Ups* und *Downs*, aber *Never give up,* das war stets meine Devise. Ich bin sicher, du wirst ein smartes Mädchen, denn du wirst in einer Umgebung aufwachsen mit viel Liebe und stimulierenden Reizen in allen Farben. Das ist Futter für das Gehirn, damit es sich öffnet und entfaltet wie eine Blume im Frühling. Sei mutig und zuversichtlich, Elodie, verstehe Hindernisse und Misserfolge als sportliche Herausforderung.

Das Leben ist großartig, es ist interessant, es ist auch komisch, manchmal tragisch-komisch, aber wenn du wie dein Vater und ich einen Sinn für Humor hast, wird es dir gefallen. Und je mehr du liest, je mehr du weißt, desto interessanter wird deine Welt. Der Hunger nach Wissen sollte nie versiegen. Wahrscheinlich wirst du dich ständig weiterbilden, mehrmals einen neuen Beruf erlernen müssen. Ich habe in den zehn Jahren seit meiner Leukämieerkrankung mehr geschrieben, als in den zehn Jahren zuvor, denn ich war sicher, solange ich schreibe, werde ich nicht sterben. Deshalb schreibe ich jetzt noch *one more thing for Elodie*, es wird kein dickes Buch werden, jeder Tastendruck fühlt sich an wie eine Zahnwurzelbehandlung. Ich kann nicht mehr schreiben. Und ich weiß verdammt gut, was das zu bedeuten hat. Deshalb wird *one more thing for Elodie* kein 640seitiger Wälzer wie die Dramatisierung des Gallischen Krieges in ›Cäsars Druide‹ oder der autobiographische Roman ›Script Avenue‹. Aber für die Dinge, die ich dir gerne noch persönlich sagen würde, hätten auch keine zehntausend Seiten gereicht. Doch während ich diese Zeilen geschrieben habe, ist mir entfallen, worüber ich eigentlich sprechen wollte. Das passiert mir öfter in letzter Zeit. Manchmal verliere ich die Orientierung und frage mich, ob heute Mittwoch oder Januar ist. Es schmerzt, wenn du noch genügend Verstand hast, um wahrzunehmen, wie dein Gehirn zerfällt, wie die Zentrale die Kontrolle verliert.

Mir bleibt nicht viel Zeit. Ich bin am Ende der Script Avenue angelangt. Wir müssen über Geld sprechen, über Aktienmärkte und Immobilien, über Gold, das barbarische Relikt, aber vor allem über die Liebe. Ich werde nicht aufgeben, bis ich dir alles gesagt habe. Auch Durchhalten ist wichtig im Leben. Sowohl in der Liebe als auch im Beruf. In jungen Jahren neigt man dazu, schnell hinzuschmeißen, wenn etwas nicht klappt. Man hat noch nicht die Erfahrung gemacht, dass es keinen perfekten Job gibt. Jede Arbeit hat negative Seiten, es macht deshalb selten Sinn, den Job zu wechseln, weil ein Problem aufgetaucht ist. Die nächste Anstellung wird auch wieder ein paar negative Dinge mit sich bringen. Wer schnell aufgibt, macht das Aufgeben zur Routine, er wird immer schneller aufgeben, auch in der Liebe. Viele brechen eine Beziehung ab, wenn nicht alles wie am Schnürchen läuft, dabei ist gerade das gemeinsame Überwinden von Schwierigkeiten das, was eine Beziehung stählt. Natürlich, und das wirst du jetzt als Widerspruch empfinden, muss man aufgeben, was keinen Sinn mehr hat, sowohl im Job als auch die Liebe, nicht alles ist lösbar und wenn man aufgeben muss, dann besser zu früh als zu spät. Das gilt auch für Unternehmer. Viele Geschäftsmodelle werden durch neue Erfindungen obsolet, jedoch die damaligen Gründer klammern sich weiter an sie und gehen mit ihnen unter. Man muss seine Firma stets verkaufen, wenn es noch weh tut. Dann hat sie noch einen Wert. Wenn es nicht mehr schmerzt, dann deshalb, weil es nur noch Müll ist, jedoch dann will es keiner mehr kaufen.

Ich habe in meinen ersten zehn erfolglosen Schriftstellerjahren zwei Dutzend Male den Job gewechselt. Aber nicht, weil Probleme auftauchten, sondern weil mir die Jobs Ideen für neue Romane lieferten, neue Charaktere und Biografien. Deshalb brauchte ich ständig neues Material aus dem realen Leben. Und je schwieriger mein Leben wurde, desto mehr gefiel es den Leserinnen und Lesern.«

11

»Sind wir bald fertig?«, fragte eine strenge Frauenstimme.

»Fix und fertig«. Ich saß vor meinem iPad in einem Gästezimmer des Hotels California und schrieb mir die Finger wund. Ich hatte sie mit Kondomen überzogen, aber die Nervenschmerzen waren nicht mehr zu lindern. Frau Fuchs setzte sich auf die Tischkante und starrte konsterniert auf den Bildschirm.

»Sie sollten es beenden«, sagte sie, »lassen Sie es gut sein, 640seitige Romane, das werden Sie nie mehr schaffen, weder körperlich noch geistig. Wie wollen Sie einen Plot über hunderte von Seiten im Auge behalten? Die Figuren werden Ihnen davonlaufen.«

»Ich schreibe keinen Roman«, antwortete ich ohne mit dem Tippen aufzuhören, »ich schreibe *one more thing for Elodie*, Sie müssen es nicht publizieren, ich schreibe es für Elodie, und wenn Sie es doch veröffentlichen, kriegt Elodie die Tantiemen. Ich wurde oft gefragt, ob meine Bücher eine Botschaft haben. Nein, Sie haben keine Botschaft. Der Verpackungskünstler Christo sagte einmal: ›Meine Kunstwerke haben keinen Sinn und sind vergänglich, so wie das Leben.‹ So sehe ich das auch. Es gibt Autoren, die irgendein Parteiprogramm auf die Sprechblasen ihrer Figuren verteilen, das käme mir nicht im Traum in den Sinn. Meine Figuren wurden im Laufe der Geschichte stets autonom, entwickelten ihre eigene Dynamik, gaben den Stories ihre eigene Wende, sodass ich jeden Roman mindestens einmal von Grund auf neu schreiben musste. Wenn Autoren eine Botschaft haben, sollten sie eine SMS schreiben. Viele Leserinnen und Leser mailten mir, dass meine Bücher Ihnen Mut gemacht haben. Auch das war nie beabsichtigt. Aber in den letzten Jahren habe ich selber Mut geschöpft aus Figuren, die ich selber erschaffen hatte. So bin ich mein eigener Motivator geworden, mein eigener Hofnarr. Aber ich möchte jetzt weiterschreiben, reden erschöpft mich mehr als schreiben, beim Schreiben gerate ich nicht außer Atem.«

Dr. Fuchs druckste herum und fragte, ob sie ganz ehrlich zu mir sein dürfe. Ich nickte.

»Wenn Elodie in achtzehn Jahren ein Teenager ist und ihre Novelle liest, wird die Welt eine andere sein. Vor zweihundert Jahren hätten Sie Elodie vielleicht vor der Benützung der Eisenbahn gewarnt und bei Kopfschmerzen Aderlass empfohlen.«

»Das ist mir durchaus bewusst«, antwortete ich, »vor zweitausend Jahren schrieben einige römische Adlige noch ihren Kontostand auf ihren Grabstein, heute ist Protzerei out, der Zeitgeist ist flüchtig, jede Generation zerstört die Denkmäler früherer Epochen. Ich glaube nicht, dass in achtzehn Jahren bei Teenagern Rauchen und Komasaufen noch ein Thema sein werden, aber es gibt Themen, die seit Tausenden von Jahren die Menschen bewegen: Liebe, Freunde, Geld, Gesundheit, Verrat, Verlust, Tod und all die Dinge, die man vor dem Sterben bereut.« – Frau Fuchs schüttelte kaum merklich den Kopf, »Lektorat und Korrektorat werden mich ein Vermögen kosten. Sie verfehlen jede zehnte Taste.«

Ich hörte auf zu tippen und schaute zu ihr hoch: »Selbst, wenn ich morgen jede zweite Taste verfehle, werde ich weiterschreiben.«

»Kein Mensch kann in diesem Zustand noch etwas Verkäufliches schreiben. *Let it be.*«

Frau Fuchs schaute mitleidig auf mich hinunter und wiederholte: »*Let it be*«.

Diese Satz setzte mir zu. Ich war mir durchaus bewusst, dass Elodie keine Vorstellung von mir haben wird. Sie wird Fotos sehen von einem schwerkranken Mann, der wie ein Blitz gealtert ist. Mein Sohn wird ihr Geschichten erzählen, vielleicht mit ihr die alten Alben anschauen, sehen, wie ich ihren Vater wickelte und im Buggy durch alle Römermuseen zwischen Pompei und Xanten schob. Sie wird sich wundern, dass Anna kaum auf den Fotos zu sehen ist. Sie hasste fotografiert zu werden, obwohl sie gut aussah, aber sie genügte ihren eigenen Ansprüchen nie.

Es gab kaum Fotos von ihr, auch deshalb, weil sie in all den Jahren nie dabei war, wenn ich meinem Sohn die Welt zeigte, und die wenigen Fotos, die es von ihr gab, hat sie kurz vor ihrem Tod im Garten verbrannt, denn sie wollte, dass nichts von ihr zurückbleibt. Sie zerstörte auch die jungen Bäume, denn sie gönnte den Überlebenden keinen Schatten. Sie war so wütend auf jene, die sie überleben würden. Noch kurz vor ihrem Tod wollte sie das halbe Haus renovieren, als wolle sie dem Tod mitteilen, dass es noch zu früh war, vielleicht wollte sie auch noch das letzte Ersparte verbrennen und bestellte sich einen neuen Mercedes SLK. Sie war so wütend, denn *sterben* bedeutete *verlieren* und das konnte sie nie. Wir hatten Angst, dass sie uns im Schlaf ersticht, weil sie es nicht gerecht fand, dass wir weiterleben. Es war die Hölle und dennoch habe ich monatelang bitter geweint, als sie nicht mehr da war. Ich wollte den ersten Sommer, den ersten Herbst, das Jahresende nicht mehr erleben, nicht ohne sie. Ich floh mit meinem Sohn nach Hongkong. Doch sie folgte uns, in der Urne. Ich brachte es dennoch nicht übers Herz, sie alleine zurückzulassen. Ich missachtete ihren letzten Wunsch, mit der Müllabfuhr entsorgt zu werden. Ich sagte ihr immer, dass ein derartiges Testament annulliert würde, weil es gelinde gesagt etwas krass sei und Zweifel an ihrem Urteilsvermögen aufkommen könnten. Wir haben sie schließlich verbrannt, wie es sich für eine Hexe gehört, und ihre Asche am Ende der Welt ins Meer gestreut, am Strand von Tianya Haijiao, einer Tropeninsel im südchinesischen Meer, die von den Einheimischen »Das Tor zur Hölle« genannt wird. Ich sagte ihr damals, nach einem Jahr, dass ich entschlossen habe, weiterzuleben, ›ohne dich‹.

Ich vermisse sie heute nicht mehr. Wenn ich ihr in meinen Träumen begegne, weiche ich ihr aus, aber nach all den Jahren sehe ich auch das Gute, denn jeder Mensch hat seine Kehrseite, seine Schattierungen. Ich war ein streunender Hund, als wir uns erstmals nach Mitternacht auf einer Parkbank vor einer Kathedrale begegneten, sie nahm mich bei sich auf, gewöhnte mich an die Anwesenheit von Menschen. Heute ist Dina mein neues Zuhause, wir haben es gut miteinander, sehr gut sogar. Zwischen uns herrscht eine stille Verbundenheit, Respekt, Liebe und bedingungsloses Vertrauen.

Ich stockte und hielt inne.

»Ich bin nicht Elodie«, sagte meine Verlegerin.

Ich warf ihr einen irritierten Blick zu.

»Sie verlieren den Faden«, sagte sie mitfühlend, »auch eine Novelle braucht eine Struktur, eine Dramaturgie.«

»Wie soll ich eine Struktur herstellen, wenn mein Leben jegliche verloren hat?«

»Ich kann Sie verstehen und Sie haben auch mein Mitgefühl, aber Sie sollten keine Traumszene aus Ihrer ›Pacific Avenue‹ einbauen.«

»Ich tue es für Elodie, ich schreibe für Elodie, so war es von Anfang an geplant, aber die Zügel sind mir entglitten, ich sitze nicht am Steuer. ›Hotel California‹ wird das erste Buch sein, das Elodie an ihrem sechzehnten Geburtstag erhält. Ich glaube nicht, dass sie meine anderen Bücher gelesen haben wird oder noch lesen wird. Und im Übrigen sind das nicht einfach Traumszenen, das ist mein Leben, meine Biographie in Traumbildern, es sind Szenen, die mich seit frühester Jugend begleiten, verfolgen, tyrannisieren, bedrohen. Müsste ich mich bei einer Firma bewerben, ich müsste in meinem Lebenslauf all diese Träume aufführen. Meine Träume sind meine DNA, Frau Dr. Fuchs.«

Wir schwiegen eine Weile, tausend Dinge fuhren mir durch den Kopf, ich war ihnen machtlos ausgesetzt, es war ein Tsunami an Emotionen, Erinnerungen und dem Versuch, das Ziel im Auge zu behalten, schließlich wollte ich eine Novelle und keinen Roman schreiben. Das Ziel war, noch eine Weile überleben für *one more thing*.

»Lassen Sie es gut sein«, wiederholte Frau Fuchs leise, »*let it be*, schließen Sie es ab. Wir müssen das Manuskript in vier Wochen den Verlagsvertretern mailen, bis dann muss auch die Programmvorschau gedruckt sein.«

»Ich hab's nicht eilig«, sagte ich, »ich werd's eh nicht mehr erleben. Vielleicht werde ich morgen gleich das Ende schreiben. Fehlende Kapitel vermisst man weniger, weil man nicht weiß, was nicht geschrieben wurde. Aber ein Schluss ist wichtig. In meinen Krimidrehbüchern schrieb ich manchmal im Exposé: Schuss, Kuss, Schluss. Manchmal auch Kuss, Schuss, Schluss und manchmal Schluss, Kuss, Schuss. Aber in meinem Leben wird es nichts von dem geben. Ich werde einfach aufhören zu existieren.«

Meine Verlegerin schwieg. Ich schaute zu ihr hoch. Da war niemand. Ich dachte, am besten, ich schreibe gleich weiter, doch der Tisch war weg und mit ihm auch mein Notebook. Ich kniete vor einer monumentalen Skulptur. Sie war aus Marmor und stellte einen Gallier dar. Ich hatte ihn zusammen mit meinem Sohn in den Kapitolinischen Museen in Rom gesehen. Der Gallier schien gerade eben noch aufrecht gesessen zu haben. Jetzt kippte er zur Seite, stützte sich mit einem Arm ab, um das Gleichgewicht zu halten. Er war schwer verwundet, gleich würde sein Arm einknicken. Das Haar hatte er mit weißem Kalk aufgerichtet. Er war nackt, bis auf den goldenen Torques an seinem Hals. Wie alle Kelten trug er einen dicken Schnurrbart und glaubte, dass der Kriegsgott Camulos ihn besser schütze, wenn er nackt den klein gewachsenen Römern in ihren Schienen- und Kettenpanzern entgegenstürmte. Die Römer verstanden ihre Schlachtrufe nicht und nannten sie deshalb Barbar, was so viel wie *Stotterer* bedeutet. Aber es war das römische Imperium, das ins Stottern geriet, wenn ihnen die nackten Wilden die abgetrennten Köpfe ihrer Legionäre entgegenschleuderten.

»Ich hatte den gleichen Torques wie du in meinem Büro«, sagte ich dem Gallier, »ich wollte ihn damals Anna schenken, aber sie mochte ihn nicht. Sie mochte die Kreationen der Modedesignerin Christa de Carouge, die ihr Publikum an den Modeschauen mit lebenden Schafen und einem Bett aus hundert grünen Salatköpfen überraschte. Ihre asexuelle

Mode war schwarz wie das Gemüt ihrer latent depressiven Kundschaft und bestand aus mehreren schwarzen Schichten, Lumpendesign für Wohlhabende, aufs Wesentliche reduziert und sauteuer.«

Der Kelte gab keine Antwort. Das war nicht gerade seine Epoche.

»Wie hast du den langen Weg von Pergamons Athena-Heiligtum bis vor das Strafgericht in der 8th Avenue North in downtown Birmingham, Alabama, geschafft?«

»Sie nennen mich hier Zenturio, ich erinnere sie an all die gefallen Polizeibeamten, die seit 1889 im Dienst getötet wurden. Siehst du die Bronzeplatte? Hier stehen die Namen drauf. Wieso bist du hergekommen? Fürchtest du den Tod? Wer Fragen an die Götter hat, stellt sie in der Nacht von Samhain.«

»Wann beginnt diese Nacht?«, fragte ich den Gallier und setzte mich auf seinen Schild.

»Es sind jene zwölf Nachtstunden, die den Sommer vom Winter trennen, sie gehören den Göttern und den Toten. Es ist eine unbestimmte Zeit, weil sie nicht mehr Sommer und noch nicht Winter ist. In jenen zwölf Nachtstunden fließen Vergangenheit, Gegenwart und Zukunft ineinander. Wer Fragen an die Götter hat, stellt sie in der Nacht von Samhain.«

»Ich habe viele Fragen, ernsthafte Fragen.«

»An Samhain werden sie beantwortet, doch fast alle Menschen fürchten sich vor Samhain. Sie bleiben deshalb zu Hause und setzen sich um das Feuer. Sie essen und trinken und erzählen sich Geschichten, damit die Zeit schneller vergeht. Wenn sie ein Geräusch hören, stellen sie sich taub. Sie stehen nicht auf und schauen nicht nach, denn sie wissen, es sind die Toten, die sie heimsuchen. Überrascht man einen Toten, ist man bereits mit einem Bein in der Anderswelt. Auch im Freien sollte man sich nicht umdrehen, wenn man Schritte hört. Man sollte wirklich zu Hause bleiben. Und genügend Speisen und Getränke für die Toten bereithalten. Du spürst, wenn es so weit ist, sie kommen mit dem Wind, die Toten.«

»Ich fürchte, ich werde an Samhain nicht mehr da sein.«

»Fürchte dich nicht vor dem Tod, nur der Übergang ist manchmal schwierig, aber der Tod ist die Erlösung von allem Leid. *No more pain.* Über den Tod gehen die Leiden nicht hinaus.«

»Das stelle ich mir auch mühsam vor, wenn man seit über zweitausend Jahren stirbt. Ich tue das erst seit elf Jahren, sehe jeden Morgen, wie mein Gesicht zerfällt, wie meine Schritte kleiner werden und die Lunge immer weniger Sauerstoff ausstößt. Wenn ich in der Nacht in den Spiegel schaue, frage ich mich, wer ist dieser Kerl? Egal, ich werde ihn trotzdem rasieren. Körperpflege bleibt wichtig, wenn der Rest im Eimer ist. Wenn der Körper austrocknet, schreien alle Organe Mayday. Du bist aus Marmor, die Witterung setzt dir zu, aber du trocknest nicht aus. Aber ich spüre deinen Schmerz, dein Leiden, es ist die letzte Demütigung in diesem Dasein, wenn der Körper dich verlässt und du Zeuge deiner eigenen Auflösung wirst.«

Ich stieg von seinem Schild runter und setzte mich unter seinen Kopf. Ich schaute zu ihm hoch und fragte, ob es ihn stolz mache, dass seine Feinde damals ein solches Monument erschafft hätten.

»Sie haben mich als unerschrockenen Gallier verewigt, um ihren Sieg noch größer erscheinen zu lassen. In der Anderswelt weiß man von meinen Taten, sie werden nie verblassen.«

»In meiner Welt ist es anders«, antwortete ich, »wenn du keine Schulden hinterlässt, wirst du gleich vergessen. Aus den Augen, aus dem Sinn. Dina wird bittere Tränen vergießen, denn sie sagte stets, ich hätte ihr das Paradies geboten, auch für meinen Sohn wird es schwierig, denn ich war Mutter, Vater und bester Kumpel in einem. Wir haben die gleichen Bücher gelesen, er war mein erster Lektor. Annas Erbe haben wir damals in drei Sekunden fiftyfity geteilt und haben dann *chez Donati* zwei Scaloppine in Purgatorio del Patrone mit Pommes Allumettes und einer Flasche Tignanello bestellt. Wir waren eine verschworene Einheit. Er hatte eine Generalvollmacht über alle meine Konten, zusammen hatten wir ein Aktiendepot, täglich haben wir zwei Stunden am Telefon über Gott und die Welt diskutiert. Das Schönste in der Liebe ist, wenn du jemandem zu hundert Prozent vertrauen kannst. Ich glaube, es machte ihm etwas aus, dass er mich wegen meiner Immunschwäche nicht mehr umarmen konnte.

Er wird mich vermissen, aber andere Menschen werden die Lücke füllen. Man trauert nicht ewig. Der Schmerz verliert an Intensität. Manchmal ist die Trauer wie ein Muskel, der langsam erschlafft, am Ende bleibt ein Hauch von Melancholie und die schönen Erinnerungen überwiegen mit der Zeit. Aber manchmal bleibt die Zeit stehen und man trauert ewig. Als Klaus Löwitsch starb, ein deutscher Action-Hero der 1990er-Jahre, ließ seine Frau eine Maske von seinem Gesicht herstellen und fortan lag der Gipsabdruck auf dem Beifahrersitz. Dina möchte die Urne mit auf die Philippinen nehmen, wobei sie sich noch nicht mit meinem Sohn geeinigt hat, wer die Beine und wer die Füße erhält. Ich weiß nicht, ob Elodie mich vermissen wird, denn sie kann nicht vermissen, was sie nie gekannt hat.«

12

Es war heiss, unendlich heiss. Durst. Nichts konnte meinen Durst stillen. Ich schlurfte durch das Hotel California, den Flur hinunter, den Flur hinauf. Erschöpft blieb ich stehen und hielt mich am Feuerlöscher fest, der an der Wand montiert war. Ich rief die Namen, die mir so einfielen, aber es schienen keine Gäste im Hotel California zu sein. Wo waren sie? Ich wusste es nicht.

Ich lief weiter und blieb vor einem Durchgang stehen. Er war mit schweren Plastikvorhängen behangen. Ich schob sie beiseite und betrat eine klimatisierte Halle. Vor mir hingen Hunderte von riesigen Plastikbeuteln wie Wäschestücke an der Leine, doch die Leinen waren transparente Schläuche und sie leiteten Flüssigkeit in die Beutel.

»Kann ich Ihnen behilflich sein?«

Ich zuckte zusammen. Zwischen den herabhängenden Beuteln trat eine freundliche Frau hervor, sie sagte, sie sei Araine Flake, Neonatologin, und erklärte mir, dass sie hier Embryonen in Bio-Bags züchtet, künstliche Gebärmütter, »sie brauchen Verdünner, damit sich im Blutkreislauf keine Klümpchen bilden. Das erhöht jedoch die Gefahr von Blutungen im Gehirn. Deshalb beschichten wir den mechanischen Teil der Gefrierbeutel mit Blutverdünner. So können wir die Dosis geringhalten.«

Ich fragte sie, ob das neu sei, das sich Kinder außerhalb der mütterlichen Gebärmutter entwickeln.

»Neu?«, fragte sie erstaunt und musterte mich neugierig, »ich habe manchmal das Gefühl, als käme ich aus der Zukunft und lebe hier in der Vergangenheit.«

»Ich bin schon eine ganze Weile hier«, sagte ich, »und offen gestanden weiß ich nicht woher ich komme und wohin ich gehe.«

»Im Hotel California enden alle Reisen«, sagte sie vorsichtig, als wolle sie herausfinden, ob ich den tieferen Sinn ihrer Worte verstehen konnte.

»Meinen Namen habe ich vergessen, aber ich kann mich noch an Dinge erinnern, die mit mir zu tun hatten. Aber es fällt mir schwer, sie chronologisch zu ordnen, es ist, als hätte jemand ein ziemliches Durcheinander auf meiner Festplatte angerichtet. Und jetzt suche ich Elodie, denn es gibt noch etwas ...«

»One more thing?«, lächelte sie freundlich, »ich habe davon gehört, aber hier werden Sie Elodie nicht finden. Erkundigen Sie sich an der Bar.«

»Es gibt hier eine Bar?«

»Aber natürlich, ohne Bar würde kein Mensch dieses Dasein ertragen. Sie finden sie im obersten Stock vor der Tür zur Dachterrasse.«

»Gibt es hier einen Fahrstuhl? Ich bin leider etwas kurzatmig.«

»Es gab mal einen Fahrstuhl, da waren Leute drin, sie wollten zur Bar, aber der Lift blieb stehen und die Firma Schindler weigerte sich zu kommen, denn sie sagte, all ihre Techniker, die sie seit 1968 ins Hotel California geschickt hätte, seien nie mehr zurückgekehrt.«

»Oh«, machte ich und wich ein paar Schritte zurück, »und die Gäste im Lift?«

»Hat man Ihnen nicht gesagt, dass niemand das Hotel California verlassen kann?«

»Jaja«, murmelte ich, »ich weiß, ich vergesse eine Menge, aber nicht alles. Dann werde ich jetzt mal raufgehen. Ich habe Lust, mich zu besaufen.«

»Achten Sie auf die Fußleisten. Darauf sind gelbe Richtungspfeile gemalt, sie weisen den Weg zur großen Treppe in der Empfangshalle.«

Ich kehrte zur Rezeption zurück. Glenny war nicht mehr da. Vielleicht hatte er das Biest gefunden oder war verstorben. Den zweiten Stock schaffte ich noch, eher knapp, ich setzte mich auf die Stufe zum nächsten Stockwerk und dachte nach. Plötzlich öffnete sich eine Tür und ein kleiner Mann mit schwarzem Hut trat in den Flur hinaus. Er sagte, er habe mich bereits erwartet.

»Dann kennen Sie meinen Namen?«

»Nein, nur Ihre Versicherungspolice 1745.6732.7323.«

Er setzte sich neben mich auf die Treppe. Ich fragte ihn, wieso er wisse, dass ich 1745.6732.7323 sei. Er tippte mir auf den Unterarm und sagte, der Chip unter meiner Haut habe es ihm gemailt.

»Ich habe einen Chip unter der Haut?«

»Wissen Sie das nicht mehr? Sie haben einst eine Software entwickelt, ›Animal Control‹, eine Ohrmarkensoftware, damit die Bauern mit dem Scanner nur noch die Strichcodes auf den gelben Ohrmarken ihrer Kühe einlesen müssen. Die Daten wurden vollautomatisch an die Zentrale gemailt, die umgehend die Subventionsbeiträge überwies.«

»Ja, jetzt erinnere ich mich«, sagte ich, »man hatte meiner Firma ›Black Pencil‹ damals eine Million D-Mark für die Software angeboten, wir filmten Kinder in den Ställen, um zu demonstrieren wie einfach das Einscannen ist. Denn eigentlich hatten wir bisher nur Computerspiele entwickelt und wussten wie wichtig eine kinderleichte Bedienung für den Erfolg war. Doch die Bauernlobby machte Druck auf die EU und Brüssel verschob das Ganze um ein paar Jahre und dann hatte unsere Software nur noch den Wert eines Gadgets, das man bei Agrarmessen kostenlos abgab.«

Der kleine Mann hatte mir ungeduldig zugehört, er sagte, jetzt sei ich die Kuh. Er beugte sich näher zu mir und verriet, dass dies nicht der Grund sei, wieso er mich aufgesucht habe. Es ginge nicht um ›Animal Control‹.

»Ich entwickle schon lange keine Game-Software mehr«, sagte ich, »das war bloß ein Hobby, das so erfolgreich wurde, dass daraus eine Firma entstand, aber nach zehn Jahren verkaufte ich die Firma, um einen historischen Roman über den Erfinder des Papiergeldes zu schreiben.«

Der kleine Mann sagte, er habe damals den Roman gelesen, es habe ihn sehr interessiert, weil jene Epoche auch die Zeit der ersten Versicherungsmathematiker sei. Und deshalb sei er hier.

»Sie wollen ein signiertes Exemplar? Ich habe keine Bücher mehr. Und meine Unterschrift ist unleserlich wie die eines Alkoholikers.«

»Nein, ich lege keinen Wert auf Bücher und schon gar nicht auf signierte Bücher. Unterschriften sind Gebrauchsspuren, das mindert den Verkaufswert. Ich bin hier, um Ihnen mitzuteilen, dass Sie in den roten Zahlen sind.«

Ich schaute ihn verwundert an und fragte, wie er das

meine, ich hätte meine Rechnungen immer pünktlich bezahlt und ich würde bezweifeln, dass wir an der Börse einen schwarzen Freitag erlebt hätten. Oder ob das eher eine Einschätzung aus medizinischer Sicht sei?

»Ich vertrete Ihre Krankenkasse. Sie sind in den roten Zahlen. Wir bezahlen mittlerweile deutlich mehr, als sie in Ihrem ganzen Leben Prämien einbezahlt haben.«

»Was soll das?«, rief ich, »ich bin seit Geburt bei Ihnen versichert, ich war fünfzig Jahre kerngesund, bis ich nach dem Tod meiner ersten Frau an Leukämie erkrankte.«

»Ich weiß, und das tut mir leid, ich wünsche Ihnen viel Kraft und bin in Gedanken bei Ihrer toten Frau, aber leider sind Sie jetzt in den roten Zahlen.«

»Was ist denn der Sinn einer Versicherung? Man versichert ein Risiko und bezahlt dafür monatlich.«

Der kleine Mann mit dem schwarzen Hut erhob sich und blieb vor mir stehen. Er schaute zu mir hinunter und sagte, dass auch meine verstorbene Frau die Versicherung ein Vermögen gekostet habe, »zuerst die schwierige Schwangerschaft mit der Placenta Praevia totalis, dann die Geburt Ihres Sohnes, der uns seit 38 Jahren ein Vermögen kostet. Hätten Sie damals das Kinderspital verklagt, das für die spastische Lähmung verantwortlich ist, hätten Sie mit einem guten Anwalt einige Millionen erhalten und würden die Familienpolice nicht noch tiefer in die roten Zahlen drücken. Und soeben erhielten wir eine Meldung, dass Sie ein neues Medikament brauchen, das dreitausend im Monat kostet. Deshalb hat man mich beauftragt, Sie aufzusuchen und Ihnen einen Vorschlag zu unterbreiten.«

Ich verwarf die Hände und fragte, ob er mir eine andere Police anbieten wolle.

»Nein, eine andere Krankenkasse.«

»Wissen Sie was?«, schrie ich ihn an, »am besten, Sie fliegen auf die Philippinen, nach Cebu, dort kriegen Sie einen Killer in Polizeiuniform für fünfzig Dollar!«

Der kleine Mann packte seine Akten wieder ein und richtete sich stramm vor mir auf: »Ihr Leben ist doch nicht mehr lebenswert. Sie können nicht mehr reisen, keinen Rotwein mehr trinken, sie haben Tag und Nacht Krämpfe und Nervenschmerzen, ein Organ nach dem andern wird von Krebs befallen, jedes Haustier würde man erlösen.«

»Ich bin keine Kuh, Herr Dachs.«

»Natürlich nicht, ich habe bei meinen Kundenbesuchen auch noch nie eine Kuh im Wohnzimmer angetroffen.«

»Herr Dachs, als gesunder Mensch setzt man die rote Linie tief, aber wenn Sie als Todkranker die rote Linie erreichen, setzen Sie diese höher und noch höher und nochmals höher, denn man denkt, okay, ich bin ein Walking Dead, aber ein Lemon-Sorbet von Mövenpick ist immer noch möglich. Ich habe eine lange Liste erstellt mit all den Dingen, die mir Freude machen. Ich habe alles gestrichen, was nicht mehr möglich ist. Es blieb nicht viel übrig. Diese wenigen Vergnügungen habe ich als neue Normalität akzeptiert.

Es ist wie im Restaurant: Sie können nur bestellen, was auf der Karte ist. Und meine Karte ist geschrumpft, sie ist jetzt relativ klein. Aber ich quäle mich nicht mit Menüs, die man nicht mehr bestellen kann. Ich kann noch schreiben, aber ich gebäre jeden Satz unter Schmerzen. Sobald ich das palliative Stadium erreiche, werde ich es beenden, dann sind Sie mich los, aber ich werde *one more thing* noch beenden. Ich erledige gerne, was ich angefangen habe. *I like to get things done.*«

Der kleine Mann senkte den Blick und kratzte sich am Hinterkopf. Nach einer Weile fragte er mich, ob die Ärztin noch nicht mit mir gesprochen habe.

»Sie meinen, ob sie mit mir nicht über etwas ganz Bestimmtes gesprochen habe?«

»Ich meine, ob sie es Ihnen noch nicht gesagt hat.«

»Was denn?«

»Ich bin nur für Ihre Police zuständig«, antworte er und reichte mir die Hand. Er wollte mir beim Aufstehen helfen. Ich klammerte mich an sein Hosenbein und schrie, er solle mir sagen, was mir Frau Dr. Krebs verschwiegen hat. Der kleine Mann schlug mir seine Aktentasche auf den Kopf und wich ein paar Stufen zurück: »Was glauben Sie eigentlich, wozu ein Immunsystem gut ist? Wenn Sie keins haben, werden Sie von Krebszellen überrannt! Sie haben einen neuen Krebs entwickelt, wären Sie gesund, wir würden operieren und anschließend bestrahlen. Aber das hat keinen Sinn mehr, zu zahlreich sind die Langzeitfolgen der Leukämiebehandlung. Aufgrund Ihrer Bronchiolitis obliterans würden Sie weder eine OP noch eine Vollnarkose verkraften, Ihr Darm, obwohl noch gesund, würde durch eine Bestrahlung arg beschädigt. Wir empfehlen deshalb eine *active surveillance.*«

Eilig stieg er die Treppe zur Empfangshalle hinunter. Ich hielt mich an der Brüstung fest und schrie ihm nach: »Was bedeutet das?«

Er blieb kurz stehen und schaute zu mir hoch: »Dass Sie sich beim Sterben zusehen.«

Kurz bevor der den Ausgang erreichte, schrie ich so laut ich noch konnte: »Wieso können Sie das Hotel California verlassen und ich nicht?«

»Weil ich nicht eingecheckt habe«, hörte ich noch sagen.

Ich stieg langsam die weiteren Stockwerke hinauf, bis ich die Bar vor dem Eingang zur Dachterrasse erreichte. Sie war leer. Auch hier war niemand. Fast niemand. Hinter dem Tresen tauchte ein alter Mann auf, es war Glenny. Er hatte offenbar gerade eine Bols-Flasche aus einem tiefergelegenen Regal genommen. Er stellte sie neben seine Winchester auf den Tresen. Ich nahm die Flasche in die Hand und schaute mir die Ballerina im Inneren an. Bols-Flaschen waren heute eine Antiquität.

Die Amsterdamer Firma Bols hatte sie in den 1960er-Jahren produziert. Im Inneren der Flasche waren Spieluhren, Ballerinas, es gab sogar eine mit Papst Paul VI. Saufen mit Gott. Unter dem Flaschenboden war eine trichterförmige Aussparung, darin war ein kleines Drehkreuz, um die Mechanik aufzuziehen.

»Ich habe Sie schon erwartet«, sagte Glenny, »und einen Piña Colada gekühlt, ein feiner Kokosnusslikör, hergestellt aus weißem Rum, Zucker und Kokosnussaromen, einundzwanzig Volumenprozent, da verträgt man schon mal ein paar Gläser mehr. Seit 1969 hat keiner mehr einen Piña Colada bestellt. Die trinken heute lieber Bailey's Irish Cream, was für eine Pussy-Generation!«

Er schenkte mir ein Glas ein und nahm mit einer Servierzange einen Eiswürfel aus dem Gefrierfach. Ich legte meine Hand über das Glas und sagte, das sei zu gefährlich, ohne Immunsystem wäre jeder Keim tödlicher als ein Schuss aus seiner Winchester. Ich nahm einen Schluck und prostete ihm zu. Er sagte, er müsse jetzt auf die Dachterrasse und die Umgebung im Auge behalten. Er griff nach seinem Gewehr und trat ins Freie. Ich nahm die Bols-Flasche in die Hand und drehte am Kreuz. Die Mechanik funktionierte immer noch.

Damals konstruierte man noch für die Ewigkeit, heute wird der Defekt gleich mitprogrammiert und die Garantie läuft einige Monate vor dem Auslaufen ab. Eine Melodie begann zu spielen, während sich die Ballerina im Inneren der Flasche graziös im Kreis drehte. Einmal schien mir, sie hätte mir zugeblinzelt.

»Elodie?«

Sie lächelte und das tat mir verdammt gut.

»Ich bin's wieder«, sagte ich, »wie geht es dir?«

»Gut, ich sehe aus wie ein Äffchen, aber keine Angst, ich wurde nicht von einem Schimpansen oder Gorilla gezeugt, sondern von deinem Sohn. Nach der Geburt werde ich diese Lanugo-Behaarung wieder verlieren.«

»Ja, das ist so«, sagte ich Elodie, »und im Alter verlierst du die Haare erneut, Babys und Alte haben viele Gemeinsamkeiten, die Kahlheit, die Unselbstständigkeit, unverständliches Gebrabbel und einen enormen Verschleiß an Windeln. Ich habe alle meine Haare nach den Chemos verloren, sogar die Wimpern sind mir ausgefallen, einige kaufen sich Perücken, lassen sich Wimpern implantieren, mir ist das alles scheißegal, *face the truth*, es ist, wie es ist. Mit Perücke wirst du nicht gesünder. Und auf Leute, die dich schief anschauen, kannst du eh verzichten. Mein *unique selling point* waren nie meine Haare. Aber ich finde es großartig, dass du dich jetzt so munter bewegst. Du kannst es wohl kaum erwarten, die zweite Halbzeit hinter dich zu bringen. Mach dir keine Sorgen, wenn du Schluckauf kriegst, das geschieht beim Atmen, weil das Zwerchfell noch nicht vollständig entwickelt ist.

Du wirst jetzt nicht mehr so schnell wachsen, das hat nichts zu bedeuten, du wirst dafür an Gewicht zulegen. Bald wirst du die Augen öffnen, weil sich die Nervenbahnen mit

der Großhirnrinde verbinden, bei mir geschieht gerade das Gegenteil.
Lass uns reden über die Liebe, *one more thing, Chapter Seven.*«

»Was ist schöner«, fragte Elodie, »lieben oder geliebt werden?«

»Als Kind will man geliebt werden, als verliebter Teenager schenkt man Liebe, entzieht sie aber auch wieder, als Vater stellt man sich zurück und schenkt bedingungslose Liebe und im reiferen Alter gelangt man zur Erkenntnis, dass das Wohl anderer wichtiger ist als das eigene.«

»Was war die größte Liebe deines Lebens?«

»Wahrscheinlich dein Vater. Für ihn hätte ich ohne zu zögern mein Leben geopfert, aber heute würde ich das auch für Dina tun, die Frau, die ich vor elf Jahren in einer Hongkonger U-Bahn-Station traf.«

»Und Anna?«

»Es war eine Teenagerliebe, eine Amour fou, wir waren wirklich verrückt nacheinander, wir hatten jede freie Minute Sex, wir brauchten keine Worte, um uns zu verstehen, wir waren eins. Aber ich würde heute lieber alleine leben als mit ihr. Das ist auch für mich erstaunlich, denn als sie starb, war ich am Boden zerstört. Aber vielleicht liegt es daran, dass unerwartete und krasse Veränderungen zu den anspruchsvollsten Situationen gehören, die es zu meistern gilt.«

»Hat sie einen besseren Menschen aus dir gemacht?«

»Ich war ein ausgesprochen wilder Teenager. Mir gingen seit frühester Kindheit Leute auf die Nerven, die mir vorschreiben wollten, was ich zu tun habe. Anna hat mich ohne Zweifel sozialisiert, später domestiziert und während ihrer langjährigen Krebserkrankung tyrannisiert. Anna verdanke ihr viel. Als wir uns kennenlernten, dachte sie, ich würde

Medizin studieren, weil auf meinem Tisch ein Pschyrembel lag und unzählige Krankheiten gelb markiert waren. Aber ich war bloß ein neurotischer Hypochonder. Sie war Krankenschwester und hat mich geheilt. Aber mit ihr wäre meine spätere Leukämieerkrankung der reinste Albtraum gewesen. Sie hätte mich für den Blutkrebs verantwortlich gemacht und mir keine ruhige Minute gegönnt. Dina hingegen bringt die philippinische Lebensfreude in meinen Alltag, sie macht mich glücklich und glückliche Menschen sind oft auch bessere Menschen, weil sie zufrieden sind. Meine Ärzte sagen, ohne Dina wäre ich schon längst verstorben. Die ersten Jahre dachte ich, das sagt man so, doch heute weiß ich, es ist so. Ohne Dina wäre ich nicht mehr hier.«

Ich hielt inne und beobachte wie sich Elodie bewegte. Hörte sie mir tatsächlich zu? Ich fuhr fort: »Auch du wirst dich verlieben und denken, diese Liebe würde ein Leben lang halten, du wirst überzeugt sein, dass es auf dem ganzen Planeten keinen einzigen Menschen gibt, der so großartig ist wie deine erste Liebe. Genieße es und sei nicht traurig, wenn es mit einer Enttäuschung endet, wahrscheinlich werden neunzig Prozent aller Beziehungen aufgelöst, statistisch belegt ist nur, dass in Westeuropa fünfzig Prozent aller Ehen scheitern.

Wenn Teenager in der Pubertät sind, spielen die Hormone verrückt, die Jungs wollen eher Sex als romantische Liebe. Sie sind im Jagdmodus. Machst du es ihnen zu einfach, verlieren sie nach ein paar Nächten das Interesse. Du solltest Verhütungsmittel benutzen. Bei vielen Jungs steckt das Gehirn in diesem Alter in der Hose. Und wenn du mal heiratest, solltest du einen Ehevertrag machen, das fällt schwer, ich weiß, besonders in jungen Jahren, weil man so verliebt ist. Aber Liebe macht bekanntlich blind. Ich bin so vielen Menschen begegnet, die ein Leben lang bitter bereut haben, dass sie keinen Ehevertrag gemacht haben. Doch wahrscheinlich ist die Ehe in zwanzig Jahren eh ein Auslaufmodell.

Ich sagte eben, dass fünfzig Prozent aller Ehen scheitern. Wenn dein Baby behindert ist, wird der Partner in 95 Prozent der Fälle die Partnerin verlassen. Das ist eine traurige Statistik. Wenn Anna und ich jeweils mit deinem Vater den amerikanischen Neurologen Delacato in Barcelona aufsuchten, war ich meistens der einzige Vater im Apalce-Zentrum. Alle anderen waren Singlemoms. Aber ich bin erneut vom Thema abgekommen. Es gibt Erinnerungen, die mich auch nach dreißig Jahren noch aufwühlen. Auch Songs. Einige leiden an Tinnitus, ich leide an Songs. Es gibt so viele Songs, die mir meine Liebschaften zurückbringen. Ich höre am liebsten die Oldies der 1970er-Jahre, da fühlt man sich erneut jung, energiegeladen. Wenn es mir beschissen geht, setzte ich mich aufs Sofa und singe meine Songs. Das tue ich fast jeden Tag. Viele Songs handeln von zerbrochenen Liebschaften, vom Abschiednehmen. Sei nicht traurig, wenn deine erste Liebe zerbricht. In jungen Jahren ist man wie ein ungeschliffener Diamant, man entwickelt sich weiter, manchmal auseinander.

Im Laufe des Lebens begegnest du vielen Menschen, die dir gefallen, Menschen, mit denen du dir ein gemeinsames Leben vorstellen könntest. Einige können nicht widerstehen und springen von einer Blüte zur nächsten, und wenn die Schmetterlinge im Bauch lahm werden, suchen sie sich eine neue Spielwiese. Aber erwachsen werden sie nie, weil sie nie aus dem Stadium des Verliebtseins herauskommen. Gemeinsame Jahre, gemeinsam überwundene Schwierigkeiten, gemeinsam Erlebtes schweißt zusammen. Es kommt deshalb nicht selten vor, dass ein Firmeninhaber seine Sekretärin heiratet. Oder umgekehrt. Bevor du dich für die Ehe entscheidest, schau dir deine zukünftigen Schwiegereltern an. Ich habe das auch getan bei Anna. Ihr Vater Jack erinnerte mich stets an einen aufrechten Westernhelden, er war ein toller Mensch, liberal, fair, grundanständig, groß gewachsen und charismatisch.

Da auch Anna eher groß und sportlich war, ging ich davon aus, dass sie so werden würde wie er. Ihre Mutter war klein, drahtig, stets unzufrieden, immer am Meckern, ein Giftzwerg, und wenn die Ermordung der Schwiegermutter kein Offizialdelikt wäre, ich hätte sie bestimmt die Kellertreppe runtergestoßen, im Pool ersäuft, mit dem Grillspieß niedergestochen und anschließend in der Tiefkühltruhe schockgefroren. Annas Schwester war klein gewachsen wie die Mutter, aber am Ende waren die Körper vertauscht, Anna wurde der Giftzwerg und ihre Schwester rezitierte die Lebensweisheiten von John Wayne. Aber obwohl sie später einen Multimillionenerben heiratete, rief sie zwei Tage nach Annas Tod an, um zu fragen, ob sie ihren Schmuck haben könne. Das war nicht gerade der Stil von John Wayne. Dein Vater und ich waren schockiert. Anna war doch eben gestorben. Ihre Schwester sagte, sie wisse das schon, aber das sei eben Tradition in der Familie. Sie wusste rein gar nichts. Wir verkauften den ganzen Schmuck, der mehrere tausend Franken wert war, einem bekifften Alt-68er für zwanzig Franken und setzten uns mit einem Kartonbecher Popcorn ins Kino. ›No Country for Old Men‹ von Ethan und Joel Coen mit Tommy Lee Jones, Javier Bardem und Josh Brolin.

Ich glaube, ich bin schon wieder vom Thema abgekommen. Auch Geist und Verstand haben viele Flure, in denen man sich verirren kann. Ich wollte dir eigentlich sagen, du solltest dir nicht nur die zukünftigen Schwiegereltern anschauen. Hätten das meine Freundinnen bei mir versucht, sie hätten mir unrecht getan. Denn meine Eltern waren ein Albtraum. Meinen Vater habe ich nie gemocht. In allen meinen Büchern habe ich ihn getötet. Nicht aus Rache, sondern aus Angst. Bereits vor vierzig Jahren erstach ich ihn in meinem Erstlingswerk ›Ad acta‹. Aber ich konnte das Thema nicht ad acta legen.

Später, als ich den Gallischen Krieg dramatisierte, ließ ich ihn von einem nubischen Sklaven vergewaltigen, von römischen Legionären ans Kreuz nageln und schließlich vor den Toren Alesias jämmerlich zugrunde gehen. Vergebens. Nachts schlich er sich in meine Träume zurück, er hatte Arme wie Monsterkraken. Sie stanken nach abgestandenem Zigarettenrauch und Feldschlösschen-Bier. Mit einem Beil zerhackte ich die Hände, die so viel Übles getan hatten. Sie wuchsen nach wie die Häupter der Hydra. Ich erträumte mir Schwerter, Harpunen und die Machete von Danny Trejo in Robert Rodriguez' ›Machete Kills‹, die Hydra wuchs nach. Er lebte länger als erwartet und deutlich länger als verdient. Sein Tod bewies, dass das Böse tatsächlich sterben kann, dass ein gewalttätiger Egoist fünfundneunzig Jahre alt wurde, ist jedoch wohl der ultimative Beweis, dass es keinen Gott gibt. Mein Leben lang war ich stets bemüht, nicht so zu werden wie er. Ich werde ihn nur vermissen für das, was er nie gewesen ist.

Der Nachwuchs ähnelt nicht immer den Erzeugern, du magst das als Widerspruch sehen, aber die Welt ist eben nicht schwarz-weiß. Das musst du selber herausfinden. Aber es gibt einige verlässlichere Anhaltspunkte. Baue nicht auf unzuverlässige Leute, denn wenn du sie brauchst, sind sie nicht da. Viele Kriege wurden verloren, weil Verbündete nicht rechtzeitig erschienen. Nach meiner Erfahrung ist Unpünktlichkeit die Tugend der Unzuverlässigen, sie halten ihre Zeit für kostbarer als deine. Aber ich bin nicht das Maß aller Dinge, meine Erfahrungen sind keine Blaupause für das Leben anderer. Was ich dir also empfehle, ist meine ganz persönliche Lebenserfahrung: Hautfarbe, Herkunft, Kultur, Altersunterschiede spielen keine Rolle. Es genügt, wenn jemand ein gutes Herz hat. Er sollte aber auch grundehrlich, zuverlässig und nicht narzisstisch veranlagt sein.

Hat jemand Probleme, seine Süchte in den Griff zu kriegen, *let it be.* Musst du dir nicht antun, mach seine Probleme nicht zu deinen Problemen. Wenn einer geizig ist, *let it be.* Sobald die Schmetterlinge verflogen sind, wird es schlimmer. Wenn er mit Geld nicht umgehen kann, *let it be*, er wird auch dich ruinieren. Ist er spielsüchtig, *let it be.* Jeder Mensch hat eine dunkle Seite, die du vielleicht nicht so magst, aber jede Marotte wird im Alter ausgeprägter. Lass' dich nicht täuschen, es ist normal, dass man als Teenager seine Eltern ablehnt, das gehört zum Loslösungsprozess und ein wilder Teenager ist kein Grund zur Ablehnung, denn er wird sich die Hörner abstoßen und die hormonellen Veränderungen im Laufe des Lebens werden ihn zur Ruhe bringen. Aber meide Narzissten, die sind keine gute Wahl, sie lieben nur sich selbst und habe Mühe, auch mal einen Fehler zuzugeben. Und wenn sie älter werden, wird jede Hautfalte zum Drama.

Ein Freund, der Schriftsteller, Verleger und Buchhändler war, erzählte mir einmal, er hätte seiner Tochter gesagt, sie könne heiraten, wen immer sie wolle, aber bloß keinen Schriftsteller. Auch Theaterleute und andere Kulturschaffende sind weniger geeignet. Sie nehmen sich unglaublich ernst, und da sie das Wichtigste überhaupt sind, sind alle anderen weniger wichtig. Sie hören nur zu, wenn man über sie spricht. Dort, wo ich aufgewachsen bin, hat man mir eingetrichtert, ich sei ein Stück Scheiße. Ich habe deshalb stets versucht, unsichtbar zu bleiben. Als Kind hatte ich das Gefühl, anderen im Weg zu stehen, ich war sicher, dass ich kein Anrecht habe, auf dieser Welt zu sein. Ich fühlte mich stets wie ein blinder Passagier. Ein Kollege sagte mal treffend, Schreiben sei Showbiz für Schüchterne. Wahrscheinlich hat er recht. Ich habe nie davon geträumt, ein Literat zu sein, der grimmig in einer Künstlerbar sitzt, sich die Pfeife stopft, das Halstuch zurechtrückt und sich wahnsinnig ernst nimmt. Ich wollte einfach Geschichten erfinden und in Ruhe gelassen werden. Im Kulturbetrieb habe ich mich deshalb nie wohlgefühlt, ich hatte oft den Eindruck, dass viele Kulturschaffende nie richtig erwachsen werden und eine für mich nicht nachvollziehbare Anspruchshaltung an den Tag legen, wenn sie ausgerechnet von jenen finanziert werden wollen, die sie als Spießbürger verachten. Für jemanden, der sein Leben lang Steine gefressen hat, war der unter vielen Kulturschaffenden weit verbreite Narzissmus und die groteske Weltfremdheit unfreiwillig komisch. Viele kannten das Leben nur aus gescheiten Büchern, ich hatte stets den Dreck der Straße an meinen Schuhen.

Ich verliere erneut den Plot, die Gedanken enden im Niemandsland, weil mein Gehirn nicht mehr senden kann, es verwaist wie die Goldgräberstadt Bodie. Ich wollte über die Liebe sprechen. Dass man aus Liebe heiratet, ist eher eine Erscheinung der Neuzeit. Früher, als es noch kein Sozial- und Versicherungswesen gab, war jede Heirat auch eine Joint Venture zur Sicherung des Lebensunterhaltes. Es war nicht ungewöhnlich, dass man zweimal oder gar dreimal seinen Lebenspartner durch Seuchen, Kriege, Hunger oder Naturkatastrophen verlor. In der Not musste man Bündnisse gegen die Armut schmieden. Heute heiratet man aus Liebe, meistens. Entscheide dich für jemanden, bei dem du dich wohlfühlst und der dir die Zeit lässt, die du brauchst. Falls ihr bereits am Anfang wegen jeder Kleinigkeit streitet, *let it be*, es wird nur schlimmer. Wenn jemand nicht verlieren kann, neigt er zur Rechthaberei.

Das erste Geschenk, das ich damals von Anna erhielt, war ein Schachbrett. Die Stimmung war gut, wir wollten eine Partie spielen. Aber als sich eine Niederlage abzeichnete, fegte sie mit einer Handbewegung die Figuren vom Brett und sagte, sie habe nie spielen wollen. Dass sie durch die Fahrprüfung fiel, war ein jahrelanges Drama. Sie erklärte jedem, wieso der Fahrlehrer schuld war und erlitt einen Tobsuchtsanfall, wenn man es nicht weiter kommentierte und schwieg. Ich gewöhnte mir an, ein ernstes Gesicht zu machen, ›dieser gottverdammte Fahrlehrer‹. Mit zunehmendem Alter zerstritt sie sich mit allen möglichen Leuten, die nicht ihrer Meinung waren oder einen anderen Lebensstil pflegten. Da sie immer lauter wurde, knickten die Leute vor ihr ein und bestärkten sie darin, dass sie das Maß aller Dinge war, gottähnlich. So bringen auch politische Extremisten den Rechtsstaat an seine Grenzen, selbst wenn sie in der Minderheit sind. Aber wenn die Mehrheit Feigheit als Toleranz verkauft, gibt die Minderheit den Takt an.

Aber die Liebe ist natürlich keine Einbahnstraße. Auch du musst etwas beitragen. Wenn ihr mal Streit habt, versöhnt euch, bevor ihr schlafen geht. Die Liebe hilft, zu verzeihen. Niemand ist perfekt. Versuche stets aufrichtig zu sein und

Lügen zu vermeiden. Die Afrikaner sagen, mit einer Lüge kann man nur einmal essen. Nicht zweimal. Wir sagen: Lügen haben kurze Beine und sie werfen lange Schatten, dann heißt es: Wer einmal lügt, dem glaubt man nicht, auch wenn er dann die Wahrheit spricht. Lügen machen das Leben kompliziert, man muss sich zu viele Fakes merken und verstrickt sich früher oder später in Widersprüchen. *Keep it simple.* Ich sehe hier gerade meine To-do-Liste. Würde ich dir unbedingt empfehlen. Schreibe auf, was du morgen erledigen willst und fange am anderen Tag mit dem Unangenehmsten an. Bei mir stand Überleben an erster Stelle. Jetzt bin ich an einem weiteren Krebs erkrankt. Jetzt steht Sterben an erster Stelle.«

13

»Ich suche mein Leben«, sagte ich Penelope, als sie auf mein Klingeln reagierte und zum Empfang kam.

»Alle unsere Gäste im Hotel California sind auf der Suche nach ihrem Leben, nach der verflossenen Zeit. Es gibt viele Zimmer im Hotel California, aber in keinem werden Sie Ihr Leben finden. Steigen Sie ins Archiv hinunter, vielleicht finden Sie eine Akte, die Ihr Leben dokumentiert.«

»Es müssten gleich mehrere Akten sein«, gab ich zu bedenken, »denn mein Leben besteht aus biografischen Daten, Songs, Büchern, Bordeaux-Weinen und Träumen. Ich war ein Intensivträumer.«

»Dann werden Sie wohl ein ganzes Regal finden. Es gibt Leute, die haben nur eine schmale Akte. Darin ist ein einziges Blatt mit gerademal drei Zeilen: ›Er wurde in Detroit geboren, heiratete, hatte drei Kinder, arbeitete bei Ford in der Fertigungshalle und wurde nach dreißig Dienstjahren von einem Roboterarm erschlagen.‹ So in etwa. Erwarten Sie also nicht zu viel. Man könnte auch über Detroit, die einst schönste Stadt Amerikas, eine Menge erzählen. Dem Automobil verdankt sie alles, auch seinen Niedergang. Heute stehen verkohlte Häuser wie verfaulte Zahnreihen entlang verlotterter Straßen. Die Wüste pirscht sich heran, Zentimeter um Zentimeter, die Natur holt sich zurück, was ihr gehört.«

»Ich will es nicht hören, Penelope, ich steige jetzt hinunter ins Archiv.«

»Und irgendwann«, rief sie mir nach, »ist dort nur noch Wüste und ein verwittertes Schild mit der Aufschrift *Detroit*. Und so wird es auch Ihnen ergehen, am Ende bleibt nicht viel übrig. Nur eine Nummer zu einem Artikel, der nicht mehr lieferbar ist.«

Die Treppen zum Archiv waren schlecht beleuchtet, es roch nach Moder, Schimmel, die letzten Stufen standen unter Wasser, das ganze Archiv war geflutet. Vorsichtig tastete ich mich bis zum Treppenende und hielt mich am ersten Regal fest. Ich lief die Archivstraße entlang, bis ich feststellte, dass ich hier unten wohl kaum mein Leben finden würde, weil ich ja meinen Namen vergessen hatte. Bei welchem Buchstaben sollte ich also die Suche beginnen?

»Was kann ich für dich tun? Wie kann ich dich glücklich machen?«, hörte ich eine weibliche Stimme. Ich blickte an die Decke, aber es war zu dunkel um etwas zu sehen und wieso sollte jemand an der Decke baumeln und zu mir sprechen.

»Ich suche eine Akte«, sagte ich, »aber, ich weiß nichts über diese Akte und im Grunde genommen weiß ich auch nicht, nach welcher Akte ich suche, ich weiß lediglich, dass ich eine Akte finden muss, die man nicht finden kann.«

»Du liegst im Koma«, hörte ich die Stimme wieder, es war Dinas Stimme.

»Was suchst du wirklich?«

»Ich bringe Ordnung in mein Leben. Ich bin auf dem Sprung. Ins Nichts.«

»Du liegst bereits im Koma«, wiederholte Dina, »deine Träume haben keine Bedeutung mehr, es sind keine chiffrierten Botschaften. Sie sind wirr, seltsam, manchmal machen sie dir Angst. Sie hetzen dich durch die Nacht, du begehrst, du scheiterst, du hasst, du vergewaltigst, du ejakulierst, du tötest, du schämst dich. Jetzt nimmst du dich noch wahr, du erinnerst dich, du denkst nach, du ahnst vielleicht noch, wer du bist, aber gleich wirst du zum innersten Kern der Finsternis vorstoßen, wo dein Bewusstsein vollständig ausgeschalten wird. Du wirst nur noch Lichter und Farben sehen, merkwürdige Objekte.

Falls du noch denken könntest, würdest du denken, dass du noch denkst, aber dein Denken ist ausgeschaltet, und dennoch kommt dein Gehirn nicht zur Ruhe, es beschäftigt sich nicht mehr mit dir, es beschäftigt sich mit sich selbst, es sortiert, verwertet, entsorgt und schickt es in neuer Gestalt in den nächsten Tag hinaus. Das Gehirn schmilzt zusammen, was nicht zusammengehört und gießt es über Nacht in neue Formen, die wir am nächsten Morgen nicht mehr erkennen.

Wenn du noch lange hier rumstehst, werden sich diese Welten unwiderruflich miteinander verweben und das Gehirn der Nacht wird den Tag erobern, und nichts wird mehr Sinn ergeben, denn dein Gehirn wird auch tagsüber das tun, was es nachts am liebsten tut: sich mit sich selbst beschäftigen. Die Archivregale stehen bereits unter Wasser!«

»Bist du hergekommen, um mir das zu sagen, Dina. Bedeutet dies, dass es in meinem Leben wieder Tag wird?«

»Ich bin nicht da, es ist dein Gehirn, das mich an diesen Ort projiziert hat. Es ist dein Gehirn, das um Hilfe ruft. Ich habe nicht im Hotel California eingecheckt. Ich war in Versuchung, es zu tun, denn ich weiß nicht, wie ich ohne dich weiterleben kann. Wenn ich mein Leben nochmals leben müsste, ich würde dich früher finden, sodass ich dich länger lieben könnte.«

»Du wirst weiterleben, Dina, der Mensch hat die Fähigkeit zu trauern, aber er hat auch die Kraft, diese Trauer zu überwinden. Nimm einen Tag nach dem andern, denk nicht zu weit. Räume meinen Kleiderschrank. Unternimm eine Reise. Du wolltest schon immer mal nach Südkorea, du liebst die einheimische Küche, geh nicht alleine, nimm eine Freundin mit. Als Anna starb, ging ich mit meinem Sohn nach Hongkong, es war das Beste, was ich in dieser Situation machen konnte, sonst wäre mir die Decke auf den Kopf gefallen. Wir hatten es gut zusammen in Asien. Und dann traf ich dich in Wanchai, in der U-Bahn, Hongkongs MTR, du standst etwas verloren am Ende der Rolltreppe.«

Dina schwieg. Ich sagte ihr, es täte mir unendlich leid, dass sie einen todkranken Mann habe und bald gar keinen mehr. Sie sagte, sie habe die Ambulanz gerufen. Ihre Stimme klang so traurig. Ein kühler Luftzug streifte mein Gesicht, ich begriff, dass Dina nicht hier war, dass ich im Koma lag und vielleicht sogar schon mehr. Ich hörte mich aus weiter Ferne singen:

How I wish you were here,
We're just two lost souls,
swimming in a fish bowl.

Und Dina antwortete:

Wish you were here,
don't you know the stove is getting colder
and i miss you like hell and I'm feeling blue,
I've got feelings for you babe.

»Dina?«

Ich hörte ein Plätschern. Hastig betrat ich in die nächste Archivreihe. Am anderen Ende erkannte ich einen Gondoliere, er stand am Bug und ruderte auf mich zu. Ich hörte die Klänge eines Karnevalsumzugs, das Schlagen der Trommeln. Es brachte mein Gehirn beinahe zum Bersten. Je näher der Gondoliere kam, desto dichter wurde der Nebel, der ihn verhüllte. Ein übler Schwindel störte meine Motorik. Ich hielt mich an einem Regal fest, doch es war nicht mehr aus Eisen, sondern aus Holz, es war der dicke Holzpfahl eines Anlegeplatzes.

Der Bug der Gondel durchbrach den Nebel, ich sah das farbige Familienwappen der Longhenas. Der Gondoliere trug eine Robe aus schwarzer Seide und die Maske des Pestarztes, die Maske des Todes. Er winkte mir langsam zu. Ich sagte ihm, ich hätte keine Goldmünze bei mir und fragte, ob er auch American Express nehme. Er reichte mir die Hand, damit ich einsteigen konnte. Ich setzte mich auf eine rot gepolsterte Sitzbank.

»Per favore, gondoliere, ich bin der Autor dieser Szene, aber ich bin nicht Teil dieser Szene, es ist nicht vorgesehen, dass ich zu dir in die Gondel steige, meine Figuren mögen sterben, aber ich überlebe sie alle.«

Der Gondoliere schaute an mir vorbei, ergriff das Ruder und stieß lautlos vom Ufer ab. In der Ferne formte sich ein noch dichterer Nebel. Ich glaubte, die Umrisse einer Brücke zu erkennen. Aber da war keine Brücke. Da war nur ein dunkler, endloser Schlund.

Erschreckt drehte ich mich nach dem Gondoliere um. Er war verschwunden. Ich konnte auch keine Umrisse mehr erkennen, keine Häuser, keine Kanäle, nur eine unendliche schwarze Tiefe. Wahrscheinlich ging man den letzten Weg immer allein. Ich dachte, das sei schon in Ordnung so.

»Hast du Angst?«, fragte eine kindliche Stimme.

»Elodie?«

»Du musst noch eine Weile durchhalten«, sagte sie, »ich wiege jetzt schon über ein Kilo und die Fettschicht unter meiner Haut wird täglich dicker.«

Auf der rotgepolsterten Sitzbank war eine große, mit Körperflüssigkeiten gefüllte Kristallkugel. Ich wusste, ich war nicht allein, Elodie war bei mir. Selbst wenn sie urinierte, blieb das Fruchtwasser steril, da es laufend ausgetauscht wurde.

»Dir bleibt nicht mehr viel Zeit«, gab Elodie zu bedenken, »du hast mir noch nicht verraten, wie man glücklich wird? Weil du es nicht geworden bist?«

»Ich hatte viele glückliche Momente in meinem Leben. Wäre man dauerhaft glücklich, würde man das Glück gar nicht mehr als solches wahrnehmen. Aber es hat keinen Sinn, auf das Glück zu warten. Ein Sprichwort sagt, man sei seines eigenen Glückes Schmied. Man mag von Sprichwörtern halten, was man will, aber viele fassen Wahrheiten zusammen, mit denen sich Philosophen schon vor zweitausend Jahren befasst haben. Es ist die Einstellung zu deinem Leben, die entscheidet, ob du dich glücklich fühlst oder nicht. Ich war nun zehn Jahre todkrank und betrachtete mich stets als vom Glück begünstigt, weil ich ein paar wenige Menschen um mich hatte, die ich liebte und die mich liebten. Ja, ich hatte viele glückliche Momente, ich wünschte, ich hätte es damals bemerkt.

Die meiste Zeit deines Lebens verbringst du mit Arbeiten, also sollte es eine Arbeit sein, die dich nicht unglücklich macht. Selbst als ich nachts auf dem Bahnhof Pakete in gelbe Rollwagen stapelte und zu den Zügen führte, versuchte ich, daraus das Beste zu machen. Ich stellte mir vor, dass jede Postleitzahl ein Fußballclub sei und aktualisierte laufend die Rangliste.

Glück bedeutet auch, schwierige, aber lösbare Aufgaben zu lösen. Das befriedigt. Als dein Vater auf die Welt kam, begann für mich die schwierigste aller Aufgaben. Dass ich sie gemeistert habe, lässt mich mit einer gewissen Genugtuung sterben. Meine Bücher werden im Altpapier landen, aber die Gene und die guten Taten werden überleben.«

Die Gondel begann zu schaukeln. Mit gemischten Gefühlen schaute ich nach vorne in das große Schwarze. Plötzlich sackte die Gondel in die Tiefe. Ich wurde hinausgeschleudert und wie eine Flipperkugel in einem dunklen Universum hin und her geschossen.

»Wieso bin ich hier?«, schrie ich wütend, »ist das ein Traum?«

»Sie allein sind der Schöpfer ihrer Träume und dennoch können Sie ihnen nicht entkommen, indem Sie einfach aufwachen. Sie werden nie mehr aufwachen. Sie sind hier im Hotel California. Sie können nicht mehr auschecken. Sie werden nie mehr ruhen, bis es zu Ende ist. Auf dem obersten Fortsatz des Rückenmarkes schwabbelt etwas Seltsames. Es sieht aus wie zwei Wahlnusshälften, es ist aber Ihr Thalamus, ein geheimer Newsroom, der von den Augen mit Bildern überflutet wird. Die Ohren senden Geräusche, Töne, Stimmen, die Geschmackszellen melden Düfte, die Tastzellen melden unbekannte Objekte, und es ist der Newsroom, der das alles verarbeitet und an die heiligen Kammern des Großhirns übermittelt. Und sobald sich diese Kammern schließen, brechen alle Verbindungen ab und bringen Sie in das fremde Land. Deshalb können Sie sich nicht mehr bewegen. Der Schlaf ist nicht der kleine Bruder des Todes. Während Sie das Bewusstsein verloren haben, läuft das Gehirn zur Hochform auf und erschafft eine göttliche Symphonie. Wenn Sie das Orchester über längere Zeit stören, verlieren Sie im Wachzustand allmählich die Struktur in ihrem Alltag, die Ordnung, die Kontrolle über ihre Gefühle, die Herrschaft über Ihre Existenz. Sie werden wahnsinnig. Jetzt hat das limbische System die Kontrolle übernommen, wie es schon vor Jahrtausenden die Steuerung der ersten Reptilien übernommen hat. Sie fallen in einen archaischen Zustand zurück, in dem es weder Vernunft noch Logik gibt. Sie werden wieder zum Tier, das in der Savanne jagt, Sie töten, Sie vergewaltigen und trinken das Blut Ihrer Feinde.«

Ich stürzte ins Leere und noch bevor ich realisierte, was mir geschah, fiel ich auf die offene Ladefläche eines Kleintransporters, der Topfpflanzen geladen hatte. Das Grünzeug federte den Sturz ab. Der Wagen war vor einer ExxonMobil-Tankstelle geparkt. Links und rechts waren Zapfsäulen. Jemand stieg aus der Fahrerkabine, es war Glenny.

»Was tust du hier?« fragte ich, »machst du jetzt auf Gärtner, nachdem du das gesamte Wild erschossen hast? Oder willst du mich verpflanzen?«

Der Gedanke erschreckte mich und ich hob warnend den Finger: »Es ist noch viel zu früh, um mich einzugraben, ich bin noch nicht fertig, es gibt noch *one more thing*.«

»Sie haben erneut den Abgabetermin verpasst«, sagte jemand, es war meine Verlegerin, Dr. Fuchs, die mit verschränkten Armen an der Seitenwand lehnte und mich neugierig musterte.

»Ich bin gleich soweit«, versuchte ich sie zu beruhigen.

»Sie schrieben in Ihrer Autobiographie ›Script Avenue‹, solange ich schreibe, werde ich nicht sterben, versuchen Sie etwa, den Tod zu überlisten? Selbst wenn Sie mehr schreiben als Balzac in seiner Comédie Humaine, irgendwann kommt die letzte Seite, *the final countdown, the final curtain.*«

»Ich habe tatsächlich daran geglaubt, dass ich nicht sterben würde, solange ich schreibe, aber jetzt kann ich kaum noch schreiben, die Nerven in meinen Fingerkuppen sind zerstört, ich bin so müde, das ist nicht die Fatigue, die jeden Krebskranken Demut und Bescheidenheit lernt, es ist das Ende.«

»Ist das ein Grund bei sich selbst abzuschreiben? Das mit den Träumen, das haben Sie bereits in ihrem Roman ›Pacific Avenue‹ geschrieben. Wenn Sie nur noch bei sich abschreiben können, sollten Sie es lassen mit dem Schreiben.«

»Es ist ein Buch für Elodie, Frau Dr. Fuchs, ich denke nicht, dass sie die ›Pacific Avenue‹ lesen wird. Vielleicht wird sie nur *one more thing for Elodie* lesen. Vielleicht mag sie auch lieber Klavier spielen, Börsenkurse oder entwickelt eine Leidenschaft für etwas, das wir heute noch nicht kennen. Als ich in den 1970er-Jahren als Briefträger jobbte und Bukowskis ›Mann mit der Ledertasche‹ las, ahnte noch niemand, dass eines Tages SMS den Briefverkehr weitgehend ersetzen würden.«

Jemand klappte die Seitenwand des Lasters herunter. Dr. Krebs hielt eine Zapfpistole in der Hand, »wir versuchen Sie aufzutanken, aber mir scheint, Ihr Bewusstsein schwindet, Sie sind schon weit weg, Ihr Blick wirkt getrübt, wässrig, Ihre Augen blicken in eine Welt, die uns vorläufig noch verschlossen bleibt. Wir versuchen trotzdem, Ihren Kreislauf zu aktivieren, aber wir sind offen gestanden nicht mehr zuversichtlich.«

Sie öffnete eine Klappe unter meinem Brustbein und stöpselte das Mundstück der Zapfpistole ein. Ich spürte, wie etwas Kaltes durch meine Venen floss, doch gleich darauf begann mein Körper zu glühen.

»Das geht vorbei«, beruhigte die Ärztin, »gleich werden Sie abwechselnd schwitzen und frösteln. Melden Sie sich, wenn Sie den Schleim nicht mehr abhusten können.«

Sie nahm eine zweite Zapfpistole und steckte sie mir in den Mund, eine Dritte in den After.

»Wie lange geben Sie ihm noch?«, fragte Glenny besorgt.

»Sobald er loslässt«, antwortete Dr. Krebs, »ist es vorbei, aber wir glauben, dass er noch nicht bereit ist. Solange noch jemand bei ihm ist, wird er klammern. Erst wenn alle gegangen sind, kann er loslassen.«

»Dann werde ich jetzt gehen«, sagte Glenny, »kann ich Sie mitnehmen?«

»Nein, ich werde bei ihm bleiben, er muss noch *one more thing* zu Ende bringen.«

Sie wandte sich wieder an mich und sagte, der Buchumschlag sei sehr schön geworden, »Hotel California« ist auch der Titel eines Liedes einer amerikanische Country-Rock-Band. Sie nannten sich *Eagles*, das war vor Ihrer Zeit, 1976.

Glenny kam zurück und sagte, er könne ihr eine Menge über diese Zeit erzählen, sein richtiger Name sei Glenn Lewis Frey und den California-Song habe er zusammen mit Don Felder und Donald Hugh Henley geschrieben. Ob sie Lust auf einen Kaffee habe? »Sie werden Ihren Kaffee wohl alleine trinken müssen.«

14

Ich legte meinen rechten Zeigefinger auf den Scanner. Auf dem Display erschien die Aufforderung, es nochmals zu versuchen. Ich scheiterte erneut. Die Schalterhalle war leer, niemand da, der mir hätte helfen können. Was ist denn das für eine Scheißbank, dachte ich, wenn man nicht mehr an sein Geld rankommt. Ich hatte es stets geahnt, irgendwann wird das Bargeld abgeschafft und die Regierungen werden uns am Wochenende per Mausklick enteignen, um Schuldzinsen zu bezahlen. Doch jede Konkursverschleppung führt am Ende in eine Währungsreform und Leittragende sind stets die Ärmsten der Gesellschaft.

»Ist da jemand?«, rief ich. Keine Antwort. Jetzt erst fiel mir auf, dass es draußen noch Nacht war. Vielleicht hatte ich tagsüber in der Schalterhalle auf einem der bunten Schalensitze gewartet, bis meine Nummer aufgerufen würde und war dabei eingeschlafen. Und dann hatte man mich einfach übersehen. War ich etwa unsichtbar, wie damals in meiner Jugend? Oder existierte ich nicht mehr in der Welt der Lebenden? Ich schlug mit der Faust auf den Scanner und dann gegen die verschlossene Schiebetür. Zu meinem Erstaunen hörte ich ein Surren, die Metalltür zog sich in die Wand zurück, der Weg zu den Schließfächern war frei. In der stark klimatisierten Halle waren Tausende von Schließfächern. In den oberen Reihen waren die schmalen, die für Scheidungsdokumente ausreichten, in der Mitte die etwas größeren für ein paar nicht versteuerte Goldmünzen, Banknoten und Schmuck und ganz unten die großen, in denen eine Urne und ein Kleidersack mit einem Fassungsvermögen von 60 Litern Platz gehabt hätte. Erst jetzt fiel mir auf, dass mir die Nummer meines Schließfaches entfallen war. Ratlos drehte ich den kleinen Schlüssel in der Hand und lief die Wand entlang. Einige Schließfächer waren offen und leer. Auf dem Boden lagen Schatullen herum. Man hätte meinen können, hier hätte ein Bankraub stattgefunden.

Ich dachte fieberhaft über meine Schließfachnummer nach. Dann erinnerte ich mich an das Gespräch mit Frau Dr. Krebs. Sie hatte von Eselsbrücken gesprochen. Da fiel mir ein, dass 1971 der Goldstandard aufgehoben worden war, das war die Nummer 1971. Ich spürte, wie mir das Blut in den Kopf schoss. Das Schließfach hatte ich gefunden, aber wo zum Teufel hatte ich den Schlüssel? In meiner Hand.

Ich öffnete das Fach und zog die Schatulle heraus. Darin lagen zwanzig »American Buffalo«, die ersten 24-Karat-Goldanlagemünze der USA mit dem eingeprägten »Indian Head«. Elodie sollte jedes Jahr zu ihrem Geburtstag eine Goldmünze erhalten. Als ich sie vor langer Zeit kaufte, kostete eine rund vierhundert Euro, aber jetzt, wo die Notenbanken frisches Papiergeld wie Konfetti unter die Leute warfen, lag der Preis bei zweitausend, und wenn Elodie einst volljährig war, würde sich der Preis nochmals verdoppelt oder vervierfacht haben. Ich steckte die Münzen ein und war einmal mehr erstaunt, wie viel Gewicht diese kleinen Dinger hatten. Ich ging zur Schiebetür zurück, aber sie war verschlossen. Ich drückte den roten Kautschuk-Knopf, doch die

Elektronik reagierte nicht. Das machte mir schon etwas aus, denn ich ahnte, dass mit mir nicht mehr alles in Ordnung war, dass die Datenleitung in meinem Körper Korrosionsschäden aufwies. Ich ging zu den Schließfächern zurück und sah, dass am Ende ein tunnelartiger Gang folgte. Er war finster und stank nach Moder. Am Ende des Flurs sah ich ein helles Licht, also musste es am Ende einen Ausgang ins Freie geben. Ich ging auf das Licht zu und stolperte über etwas. Es war ein Reisekoffer, der aus allen Nähten platzte, vollgestopft mit Banknoten. Je näher ich dem Licht kam, desto mehr Tüten, Schachteln und Gepäckstücke lagen herum, alle vollgestopft mit Banknoten. Irgendetwas verdeckte für einen kurzen Augenblick das Licht am Ende des Tunnels. Es war ein Mann in einer schwarzen Soutane. Ich ging auf ihn zu und sagte ihm, Karneval sei doch im Winter und die Sense, die er da in der Hand hielt, das sei doch billigstes Halloween-Zubehör. Er zeigte mit dem Finger auf die angehäuften Berge von Münzen und Banknoten, die sich entlang der Tunnelwand türmten.

»Meine Münzen sind ein Geschenk für Elodie«, erklärte ich ihm. Er reagierte nicht.

»Diese American Buffalos sind nicht für mich! Sondern für meine noch ungeborene Enkelin, sie sind in meiner Steuererklärung deklariert und wenn Sie einen Kaufbeleg sehen wollen … Habe ich nicht, ich hasse die Bürokratie. Lasst doch verdammt nochmal die Leute in Ruhe!«

Der Mann reagierte erstaunlich ruhig: »Lass es hier, kleiner Mensch, denn dort, wo du hingehst, kannst du nichts mitnehmen.«

»Fuck you, goddamned son of a bitch«, schrie ich, »jede beschissene Fluggesellschaft erlaubt Handgepäck!«

»Es gibt keine Flüge mehr für Sie, kein Boarding, weder Economy noch Business noch First Class. Auf der letzten Reise sind alle gleich.«

15

Ich lag irgendwo südlich von San Francisco inmitten von Gebüschen und hörte dem Gesang einer Gelbschnabelelster zu:

We had joy, we had fun,
we had seasons in the sun,
but the wine and the song,
like the seasons have all gone.

»Das ist ein Song von Terry Jacks«, rief ich dem Vogel zu, »er sagt, es sei schwierig zu sterben, wenn am Himmel die Vögel singen.«

Die Elster ignorierte mich, sie war vollends beschäftigt mit dem Bau eines Nestes aus trockenen und sperrigen Zweigen. Ich fragte sie, ob die Saison nicht vorbei sei für den Nestbau und wieso sie sich nicht wie eine normale Elster einen Baum ausgesucht habe. Zu meiner Überraschung antwortete sie, das Nest sei für Elodie, sie habe einen Partner, der da draußen Zweige sammelt, aber er sei stinkfaul und wenn er sich nicht beeile, würde sie nicht mehr rechtzeitig ein Dach über dem Nest bauen können.

»Weiß du denn, wo Elodie ist?«, fragte ich die Elster.

»Ich bin hier«, hörte ich eine leise Stimme. Ich beugte

mich über das Nest und sah, dass Elodie erneut an Größe zugelegt hatte. Sie musste mindestens drei Kilo wiegen. Das freute mich außerordentlich, denn falls sie zu früh geboren würde, hätte sie gute Chancen zu überleben. Die Lungenreife war abgeschlossen und es wäre kein Problem, außerhalb des Mutterleibes selbstständig zu atmen.

»Du wolltest mir noch sagen, wie man Geld verdient«, sagte sie neckisch, *Chapter Eight*?«

»Okay, Chapter Eight: Als Angestellter ist es schwierig, wenn man nicht zum oberen Kader gehört. Im Augenblick musst du über achttausend Euro verdienen, damit du sparen und ein Vermögen aufbauen kannst. Idealer ist, wenn du dich selbstständig machst, aber dazu braucht es Ausdauer, Disziplin, Willen, Kreativität. Vermittlung und Handel mit Immobilien gibt auch Menschen ohne Ausbildung die Chance Millionär zu werden. Der Planet wächst nicht, nur die Weltbevölkerung, es braucht also immer mehr Wohnraum. Das Beste ist, wenn du dir so früh wie möglich eine Wohnung kaufst. Egal, ob du selber drin wohnst oder nicht. Entscheidend ist die Lage, die Lage und nochmals die Lage. Am Anfang scheint es deine Finanzen zu übersteigen, aber im Laufe der Jahre wirst du sehen, dass eine Mietwohnung fünfmal so teuer gewesen wäre. Und du wärst immer noch Mieter ohne Wohneigentum. Der frühe Kauf schafft auch eine künstliche Geldknappheit, die dich in den ungestümen Jahren davon abhält, jeden verdienten Euro umgehend zu verprassen. Zuviel Cash auf dem Konto verleitet zu verschwenderischen Ausgaben.

Mich haben die Aktienmärkte stets fasziniert. Mit zwanzig begann ich, auf dem Papier Aktien zu handeln, ›trocken‹, nennt man das. Zehn Jahre lang. Ich verlor viel Geld, Lehrgeld, aber nur auf dem Papier. Rückblickend könnte man sagen, das Börsentraining auf dem Papier sei eine kluge Entscheidung gewesen. Aber es war lediglich dem Umstand geschuldet, dass ich gar kein Geld hatte. Die Beschäftigung mit Aktien setzt interdisziplinäres Wissen voraus. ›Finanzmarktanalyse besteht darin, die Marktpsychologie vorherzusehen‹, sagte der Ökonom John Maynard Keynes vor einem Jahrhundert. Man muss täglich dazulernen. Du musst dich für die verschiedenen Kulturen und Währungsräume interessieren.

Seit dem Hochfrequenzhandel entscheiden Computer in Sekundenschnelle vollautomatisch über Käufe und Verkäufe, du musst also vermehrt die psychologischen Aspekte berücksichtigen. Produziert eine Firma *bad news,* sackt die Aktie, das ist nicht selten eine Kaufgelegenheit, weil die erste Korrektur übertrieben ist und am nächsten Tag eine kleine Gegenbewegung folgt. Manchmal crasht der Kurs weiter, *never catch a falling knife*. Es gibt kein Rezept, um an der Börse Geld zu verdienen, es gibt aber Vorsichtsmaßnahmen, um im *worst case* weniger zu verlieren. Setze nur Geld ein, dass du nie mehr brauchen wirst, Geld, dass du verlieren kannst, ohne dass sich dein Lebensstandard ändert. Spiele nie mit geliehenem Geld.

Kaufe Aktien, die du verstehst. Kaufe die Branchenleader, die hochkapitalisierten Firmen, die etwas herstellen, das man unbedingt zum Leben braucht, Nahrung, Getränke, Medikamente, IT. Überlege, worauf die Menschen zuerst verzichten, wenn sie plötzlich knapp bei Kasse sind: auswärts essen, Flugreisen, Ferien, neue Kleider, neues Auto. Versuche nicht, etwas besonders Intelligentes zu machen. Und höre vor allem nie auf den Rat guter Freunde. Denn guten Freunde vertraut man mehr als einem Börsenprofi, weil der gute Freund eben ein guter Freund ist. Auch wenn er wenig Ahnung von der Börse hat. Dem Anlageprofi traut man weniger, weil er eben nicht zu den guten Freunden gehört. Bankberater sind oft sprechende Prospekte, nur die Cracks auf Direktionsebene verstehen mehr, weil sie mehr Erfahrung und schnelleren Zugang zu den Daten haben und sich täglich damit beschäftigen. Traue keiner Bank, wirf nicht alles in einen Korb. Kaufe immer wieder ein bisschen Gold, Gold ist geprägte Freiheit. Was bleibt übrig, wenn alles crasht. Bei Papiergeld Asche, bei Goldmünzen, das Metall, das in ihnen steckt und bei Aktien von hochkapitalisierten Unternehmen, bleiben Fabrikhallen, Lastwaren, Patente und Schlüsselanhänger.

Alan Greenspan, der legendäre amerikanische Notenbankchef, hielt Gold für ein ›barbarisches Relikt‹. Er wurde für diese Meinung bezahlt, das war sein Job. Doch bevor er Notenbankchef wurde, schrieb er, *dass es die Finanzpolitik des Wohlfahrtsstaates erforderlich mache, ›dass es für Vermögensbesitzer keine Möglichkeit gibt, sich zu schützen‹.* Dies sei das schäbige Geheimnis, das hinter der Verteufelung des Goldes durch die Vertreter des Wohlfahrtsstaates stünde. Staatsverschuldung sei einfach ein Mechanismus für die ›versteckte‹ Enteignung von Vermögen.«

»Ich muss jetzt gehen«, sagte Elodie, »es kommt ein Sturm auf und da vorne ist schon alles schwarz.«

»Geh nur«, sagte ich, »ist schon gut.«

Und Elodie war weg. Die männliche Elster kam mit einem Schnabel voller Äste zurück. Gemeinsam bauten die beiden Vögel weiter am Nest. Wenn man todkrank ist, baut man keine Nester mehr, weil die Zukunft abhandengekommen ist. Ich versuchte deshalb, Elodie ein Nest zu bauen, aber mit zwanzig Goldmünzen baut man kein Nest.

16

Ich lag auf einem Stück Rasen und fühlte das Gras in meinem Gesicht. Benommen drehte ich mich auf den Rücken und starte in den Himmel, der sich allmählich verfinsterte. Graue Wolken zogen über den Park des Norton Simon Museums in Pasadena California am 411 West Colorado Boulevard. Das war schon merkwürdig. Für einen Augenblick hatte ich geglaubt, ich hätte auf dem Rasen vor der Kathedrale Notre-Dame in Paris übernachtet. Aber das Mädchen, mit dem ich in den 1970er-Jahren in einem Keller voller afrikanischer Musiker Opium geraucht hatte, war verschwunden, und es gab auch keinen Flic, der mich wachgerüttelt hatte. Ich realisierte, dass ich kein Teenager mehr war, kein Teenager, der fluchtartig sein Elternhaus verlassen und per Autostopp nach Paris gereist war, weil er dachte, dass man nur in Paris Schriftsteller werden könne. *Tempi passati.*

Ich schleppte mich durch den Park und blieb vor einer bronzenen Personengruppe stehen. Sechs riesige Männer standen auf einem Sockel, sie waren die ehrenwertesten Stadtbürger von Calais, die den englischen Belagerern ihr Leben anboten, um die Stadt vor Plünderung und Zerstörung zu bewahren. Auguste Rodin hatte sie in Lumpen gekleidet, sie waren barfuß, die Wangen hohl, die Augen leer. Sie trugen einen Strick um den Hals, einer hielt den Schlüssel der Stadt fest umklammert. Ich fragte ihn, wieso ich plötzlich im Hof des Basler Kunstmuseums stünde, ich sei doch hier in Kalifornien. Er antwortete, dass am Ende des 19. Jahrhunderts zwölf Kopien im Originalguss hergestellt worden seien. Sie stünden heute in Seoul, New York, Tokyo, Paris, Washington, London. Und eine Kopie stünde hier im Museumspark. Ich lief um die Männergruppe herum und sagte, dass es schon auffallend sei, dass keiner den anderen anschaut. Jeder sei nur noch mit sich selbst beschäftigt.

»Ja«, antwortete mir der Mann mit dem Stadtschlüssel, der sich Eustache de Saint Pierre nannte, »beim Sterben ist jeder für sich alleine.«

»Müsst ihr unbedingt sterben?«

»Wir sterben, um das Leben anderer zu retten. Mit der Übergabe des Stadtschlüssels übergeben wir auch unser Leben in fremde Hände.«

»Du meinst, es ist auch für mich die Zeit gekommen, den Schlüssel abzugeben?«

»Die Krankheit wird wie eine Ratte in deinem Gehirn wühlen und dann wirst du nicht mehr wissen, was du tust, was du anderen antust. Du wirst Böses tun, glaub mir, und es wird ausgerechnet die Menschen treffen, die du am meisten liebst ...«

»Hör auf«, schrie ich, »was seid ihr doch für ein depressiver Scheißhaufen. Steht hier im Park und verbreitet miese Stimmung!«

Ich entfernte mich von der Plastik. Ich wusste, dass er recht hatte und das tat mir verdammt weh. Ich hätte brüllen können vor Wut.

17

Ein intensiver Geruch von gerösteten Kaffeebohnen weckte mich auf. Ich lag in einer runden Lehmhütte. Neben mir lag etwas Warmes, es stank penetrant und atmete. Ich drehte mich zur Seite und fuhr mit der Hand darüber. Es war ein Ziegenbock mit mächtigen Hörnern. Kaum hatte ich ihn berührt, sprang er hoch und senkte den Kopf zum Angriff. Ich sagte ihm, dass er fürchterlich stinke. Er antwortete, dass er den strengen Geruch aus den Talgdrüsen hinter den Hörnern absondere, um Weibchen anzulocken. Gleich würden alle Mädchen im Dorf die Hütte stürmen. Ich stand auf und trat ins Freie. Der Ziegenbock folgte mir, wobei er mich unsanft mit den Hörnern zur Seite schob.

»Wo sind wir?«, fragte ich.

»Du bist im Lande der Chagga«, antwortete der Bock, »das liegt in Tansania am Fuße des Kilimandscharo.«

Ich lief ein paar Schritte und schaute mich um. Hinter der Hütte waren Bananenplantagen, ein paar Mantelaffen zankten sich, obwohl es auf der Plantage genügend Früchte für alle gab. Aber nichts begehrt der Mensch mehr als das, was andere haben und er nicht. Ich sagte dem Bock, dass ich als Kleinkind einen kleinen gelben Bagger gehabt habe und dass alle anderen Kinder im Sandkasten wesentlich mehr Autos zum Spielen hatten, »aber alle versuchten mir den gelben

Bagger zu stehlen. Am Ende haben sie mich verprügelt.« Der Ziegenbock nahm Witterung auf: »Bist du auf der Suche nach einem gelben Bagger?«

»Nein«, antwortete ich und lief zwischen den Lehmhäusern herum. Ich begriff nicht, wie es mich nach Tansania verschlagen konnte. In der Ferne sah ich die schneebedeckten Gipfel des Kilimandscharo.

»Ich werde wohl einen Scout brauchen«, sagte ich wie zu mir selbst.

»Lass mich dein Scout sein, ich bin Hamisi, der Ziegenbock. Hamisi bedeutet, ›geboren am Donnerstag‹. Wann bist du geboren?«

»Ich weiß es nicht.«

»Und was führt dich her?«

Ich antwortete nicht sofort.

»Du bist zum Sterben gekommen«, sagte der Bock leise, »du suchst den Elefantenfriedhof. Er liegt hoch oben in den Hängen des Kilimandscharo, jenseits der Schneegrenze. Wenn Elefanten erkennen, dass ihre Zeit gekommen ist, steigen sie auf den Berg. Das können sie erstaunlich gut, sonst hätte Hannibal wohl kaum mit seinen siebenunddreißig Elefanten die Alpen überqueren können.«

»Mit meiner Lunge schaff ich keine Höhe von fünftausend Meter mehr. Höchstens tausend.«

»Ich habe nicht behauptet, dass Elefanten fünftausend Meter über Meer sterben. Wenn sie die Höhe erreicht haben, stürzen sie sich in eine Schlucht hinunter. Das tun sie seit Tausenden von Jahren. In der Schlucht türmt sich das Elfenbein. Zahlreiche Wilderer und Jäger haben den Friedhof gesucht, aber er ist nicht zugänglich, man findet ihn nur, wenn man sich in die Tiefe stürzt. Die Elefanten tun dies, um sich im Tod wieder mit ihren Vorfahren zu vereinen. Aber ich warne dich, selbst wenn du den Friedhof findest, berühre keinen einzigen Stoßzahn, denn sie sind mit einem Fluch belegt, kein Mensch ist jemals mit Elfenbein in die Zivilisation zurückgekehrt. Wäre es einem gelungen, wäre er auf der Stelle erblindet, das ist der Fluch: Du kriegst, was du suchst, aber du kannst es nicht mehr sehen.«

Ich schaute kopfschüttelnd zum Ziegenbock und erklärte ihm, ich sei kein Leichenfledderer, ich sei hier, um zu sterben, aber zuvor müsste ich noch Elodie finden, denn es gebe noch *one more thing*. Der Bock sagte, für ein solches Unternehmen bräuchte ich eine Stärkung. Er führte mich zu einer Kaffeeplantage. Auf dem Boden lag ein verbeultes Blech mit Kaffeepulver und Zucker. Der Bock sagte, ich solle es mischen und in den Mund nehmen. Das würde mir die Kraft geben, die ich für den Aufstieg bräuchte.

Ich wanderte tagelang durch eine märchenhafte Landschaft von Akazienwäldern, kämpfte mich durch Palmendickichte und Sümpfe, die vom Kilimandscharo gespeist wurden. Ich durchquerte die offene Savanne, begegnete Zebras, Gazellen, Nashörnern und Hyänen. Einige Schakale folgten mir. Am Ufer des Amboseli-Sees tranken einige Löwen. Sie hatten kein Interesse am alten Elefanten, der aus dem Wasser trat und sich mit Sand bewarf. Ich ging auf ihn zu und fragte, wieso er das tat. Er schien überrascht und trottete zu einem Baum. Er rieb sich am Stamm und sagte, so würde er das Ungeziefer los. Ich fragte ihn, ob er mir den Weg zum Elefantenfriedhof weisen könne. Er sagte, das sei ein Mythos, eine Legende, so alt wie die Bibel und so fantasievoll wie alle religiösen Schriften. Würde jemand dieses El Dorado finden, wäre er über Nacht unermesslich reich.

»Dann ist es bloß eine Geschichte?«

»Ja, eine Geschichte mehr. Es gibt keine Elefantenfriedhöfe. Wir fressen fast den ganzen Tag Gräser, Wurzeln, Zweige, Baumrinden und Früchte. Das ist schlecht für unsere Zähne. Sie nutzen sich ab und wir verlieren sie. Bis zu sieben Mal in einem Leben. Und wenn der letzte Zahn gefallen ist, machen wir uns auf die Suche nach weicher Nahrung. In den Sümpfen finden wir aufgeweichte Pflanzen. Und da wir bereits uralt sind, sterben wir eines Tages in diesen Sümpfen und zurück bleiben im Laufe der Jahrhunderte Berge von Elfenbein. Und die Legenden dazu.«

Ich fragte ihn, wie oft er schon seine Zähne verloren habe.

»Viel zu oft«, antwortete er, »und du?«

»Ich habe sie noch alle«, sagte ich, »das ist auch das Einzige, was in meinem Körper noch intakt ist, obwohl ich mir bei manchem nächtlichen Krampf ein Stück Zahn abgebrochen habe.«

»Dann ist es noch zu früh zum Sterben«, sagte er und legte mir den Rüssel auf die Schulter, »Geh zu Elodie und sag ihr *one more thing*. Denk nicht ans Sterben, der Tod kommt früh genug, er vergisst niemanden.«

Nach einem langen Marsch durch die trockene Steppe erreichte ich die einstige Oase Kahe, südöstlich von Moshi. Die Bewässerungskanäle waren im Laufe der letzten hundert Jahre ausgetrocknet, weil mittlerweile flussaufwärts in den Hängen des Kilimandscharos Wasser entnommen wurde. Dort, an den Quellen des Flusses Rau, rasteten jeweils die Bergsteiger, die sich in 3000 Meter Höhe an den Sauerstoffmangel gewöhnen wollten. Ich folgte dem Fluss durch die Chagga-Landschaft Uru bis zum undurchdringlichen Regenwald. Ich setzte mich auf einen großen Stein im Flussbecken und beobachtete die Fische, die von der Strömung mitgerissen wurden. Von Weitem schon sah ich ein Exemplar, das von der Form her besonders auffällig war. Es kam direkt auf mich zu. Ich beugte mich zum Wasser und fing es mit beiden Händen auf. Es wog bestimmt über zwei Kilo und hatte eine Länge von ca. fünfundvierzig Zentimetern. Es gluckste fröhlich vor sich hin.

»Elodie?«

»Mach dir keine Sorgen«, hörte ich sie sagen, »mir fehlt nur noch die schützende Fettschicht unter der Haut, damit ich nach der Geburt genügend Wärme und Energie speichere. Mir fehlt auch noch das Surfactant, das meine Bronchien sauber hält und die Lungenbläschen davon abhält, beim Atmen zu verkleben. Und wenn ich Schluckauf habe«, lachte sie, »trainiere ich die Atmung.«

»Das ist gut so, Elodie, es ist wichtig, dass die Lungenbläschen nicht verkleben. Ich könnte auch Surfactant brauchen, denn meine Lunge stößt kaum noch Luft aus, jede Anstrengung verursacht Atemnot, selbst wenn ich von meinem Bürostuhl aufstehe. Es ist Zeit, über die letzten Dinge zu sprechen.«

»*Chapter Nine*?«

»Ja, *Chapter Nine*. Viele Leute glauben, dass man in den letzten Stunden zu Gott findet. Bei mir ist das nicht so. Wir werden alle gottlos geboren, bis uns jemand mitteilt, dass es einen unsichtbaren Mann gibt, der zu uns schaut. Jede Kultur hat ein anderes Maskottchen mit einem anderen Namen, mit einem anderen Geschlecht, aber sie haben alle den gleichen Ursprung, die Sonne, die mit ihren Strahlen wärmen, aber auch verbrennen kann. Religion wird uns verabreicht wie eine Schluckimpfung, doch Religion ist die größte Betrugsgeschichte der Menschheit, sie dient lediglich dazu, die Menschen zu ängstigen, damit sie leichter domestizierbar sind. Religion ist der Versuch, die Beschränktheit des menschlichen Daseins mithilfe religiöser Fantasien in die Unendlichkeit zu verlängern. Doch alles hat einen Anfang und ein Ende. Der Tod besucht jeden, einige leben lang, andere sterben jung. So kommt der Tod zu Menschen jeden Alters, wie bei den Tieren und den Bäumen, und niemand lebt wirklich lange.«

»Dann gibt es niemanden, der Sorge dafür trägt, dass auf dem Planeten Gerechtigkeit herrscht?«

»Was mich in meinem Leben am meisten verblüfft hat, ist der unglaubliche Aberglauben, der die Seelen der Menschen vergiftet. Nichts hat so vielen Menschen den Tod gebracht wie Religionen und Aberglauben. Es gibt über dreitausend Götter auf der Erde und jeder glaubt, dass sein Gott der einzig wahre ist. Der Glauben an einen Gott ist genauso so absurd, wie der Glauben an blaue Tomaten, die im Kühlschrank Rock'n'Roll tanzen. Der römische Philosoph Lucretius sagte vor zweitausend Jahren, Furcht habe die Götter erschaffen. Es war für mich stets irritierend, wenn Menschen nach einer Naturkatastrophe zu ihrem allmächtigen Gott beteten. Wäre er allmächtig, hätte er das Unglück verhindert. Der schottische Philosophen David Hume schrieb: ›Will Gott Böses verhindern, kann es aber nicht, dann ist er impotent. Kann er es, will es aber nicht, dann ist er bösartig.«

»Dann wirst du nach deinem Tod nirgendwo sein?«

»Ich werde nicht mehr existieren. Es wird mir ergehen wie Milliarden anderer Menschen vor mir. Man wird vergessen und niemand wird wissen, dass ich jemals existiert habe. Das wird mich kaum berühren, weil ich ja nicht mehr existiere.

Also bemitleide mich nicht. Der Tod hat auch Vorteile. Über ihn gehen unsere Leiden nicht hinaus. Es gehört zur infantilen Denkweise abergläubischer Menschen, dass sie nach dem Tod eines Bekannten schreiben, er ist jetzt da oben bei den Engeln. Nein, Elodie, ich werde nirgends mehr sein und das Einzige, was von mir übrigbleibt, ich habe es bereits mehrfach erwähnt, das sind die guten Taten und einige Gene. Ich hoffe, du trägst die besten von mir in dir. In einem ganz kleinen Teil von dir werde ich weiterleben. Also, pass gut auf dich auf und lebe dein Leben.«

»Du stirbst jetzt?«

Ich verstand nicht, was sie sagte. Meine Hörnerven waren nun vollständig zerstört. Ich würde nie mehr etwas hören. Es gab lediglich noch Worte, an die ich mich erinnerte.

Goodbye my friend
it's hard to die
when all the birds
are singing in the sky.

18

ICH SASS IN DER ABFLUGHALLE des Long Beach Airport. Der Regionalflughafen war etwa 25 Kilometer südöstlich vom Los Angeles International Airport, er hatte nur gerade für die ansässigen Unternehmen eine Bedeutung. Und natürlich für mich. Die Halle war schlecht klimatisiert und roch übel, vielleicht lag es an meinem plötzlich veränderten Stoffwechsel, aber es war somit nicht erstaunlich, dass ich der einzige Reisende in der Halle war. Ich legte meine rechte Hand auf meinen Rectus Abdominis, eine unsichtbare Kraft schien meinen Brustkorb einzudrücken, ich versuchte ruhig zu atmen und an nichts zu denken, aber wenn ich an nichts dachte, dachte ich an das größte Nichts, an den Tod.

Ich schaute zur Abflugtafel hoch. Alle Flüge waren annulliert. Plötzlich begann die Anzeige zu ruckeln, die Destinationen waren zunehmend verpixelt, doch was darauf angezeigt wurde, erstaunte mich doch sehr. Es war Elodie *live on screen.* Sie war deutlich größer geworden, sie wog bestimmt schon über dreitausend Gramm. Den Kopf hatte sie nach unten gerichtet, als könne sie es kaum erwarten, durch den Geburtskanal ins Freie zu gelangen. Damit Elodie dabei keinen Schaden nahm, waren die Schädelplatten noch nicht miteinander verwachsen. Ab jetzt stand der Geburt nichts mehr im Wege. Es war ungewöhnlich, Elodie auf dem Monitor zu sehen, wie sie auf dem Kopf stand und zu mir sprach. Ich glaube, sie freute sich auf die Geburt, sie lächelte. Ich konnte nicht verstehen, was sie sagte, aber ich las es von den Untertiteln ab. Das machte durchaus Sinn, denn sie sprach jetzt chinesisch, wie ihre Mutter. Sie nannte mich Yeye und fragte mich, was das Beste sei, was man einem Kind beibringen könne.

»Frag deinen Vater, er sagt mir oft, er habe eine sehr schöne Kindheit gehabt. Dank mir und trotz allen Widrigkeiten des Schicksals. Das hat mich stets sehr berührt.«

»Du siehst müde aus, Yeye.«

»Ja, ich bin unendlich müde. Was die Medikamente in den letzten elf Jahren in meinem Körper angerichtet haben, ist ein Desaster. Es war der Preis fürs Überleben, für ein Martyrium in der Nachspielzeit, aber ich möchte dich noch warnen: Die Haut der Zivilisation ist dünn. Ein kleiner Funken genügt und ein ganzes Land brennt. Während der Covid-19-Pandemie machten einige Jagd auf Chinesen, weil man den Ausbruch des Virus im chinesischen Wuhan vermutete. Aber kaum einer war in der Lage, einen Chinesen von einem Thailänder, Filipino oder Taiwanesen zu unterscheiden. Wenn Regierungen und Medien die Hetzjagd nicht unterbinden, musst du die Koffer packen, auch wenn dich einige dafür belächeln werden.«

Die Welt um mich herum begann sich zu drehen, ich hielt mich mit beiden Händen an den Armlehnen fest und schloss die Augen. Jemand drückte mir eine Maske aufs Gesicht und fixierte sie mit Gewalt, ich wollte sie wegreißen, aber da war nicht nur eine Maske, da hing ein gerippter Schlauch daran. Ich schrie, ich hätte keinen Führerschein für einen amerikanischen Kampfjet, aber die Maske verschluckte meine

Stimme, ich versuchte aufzustehen, doch ich war angeschnallt, zwei Gurte waren über meine Brust gekreuzt. Mit einem gewaltigen Schub von sechzehn Tonnen wurde ich in die Höhe katapultiert.

Ich sah die Anzeigen im Cockpit, Geschwindigkeit, Lage, Flughöhe, Triebwerksanzeige, sie blinkten grün, ich wollte den Luftdruck für den Höhenmesser verändern, doch er zeigte mir meine eigene Herzfrequenz an, die grünen Punkte auf dem Navigationsdisplay erloschen, sie hatten die nächsten Flughafen angezeigt, jetzt zeigten sie Krematorien und Friedhöfe an, ich rief *Mayday-Mayday*, während die gesamte Bordelektronik zu piepsen begann, ich erkannte die Melodie von *Albatros*.

Das Kollisionswarnsystem schlug Alarm, es klang wie der Gong an der New Yorker Börse, die Landeklappe ratterte, ich versuchte die Störung zu beheben, das Primary Flight Display zeigte ein Versagen der Nierenfunktion, ich ließ vor Schreck Wasser laufen, der Urin war dunkler als Schwarzbier und roch strenger als Kapuzinerpisse. Die Augen schmerzten, fielen tief in die Höhlen zurück, die Pupillen bewegten sich nicht mehr, der Blick war starr in die Ferne gerichtet, mein Mund blieb offen, die Muskulatur versagte, das Gesicht verfärbte sich gräulich, um Mund und Nase bildete sich ein dunkles Dreieck, die meteorologischen Anzeigen signalisierten, dass kein Blut mehr vom Himmel fiel, das Herz hatte aufgehört zu pumpen, das Blut sickerte nach unten und sammelte sich in den Venen und Arterien.

Ich sah die purpurroten und bläulich-lila Flecken an meinen Unterarmen, das *Traffic Collision and Avoidance System* meldete, dass meine Atmung ausgesetzt hatte. Auf dem Display leuchtete die Anzeige *rigor mortis* auf, es war, als würde mein Körper mit flüssigem Plastilin aufgefüllt, der Nacken versteifte. Als die Augenlider nicht mehr durchblutet wurden, erzeugte das Gehirn ein grelles Licht in der Ferne, ich dachte zuerst, es könne der Himmel sein, aber auch die Hölle, doch es war nichts, kein Gott, kein kosmischer Furz, rein gar nichts. Das Muskelgewebe begann sich spastisch zusammenzuziehen, es war mir egal, dass sich in diesem Augenblick der Darm entleerte, *let it be.*

Meine Eingeweide begannen Gase auszustoßen und mein Körper quietschte und furzte wie ein Rudel Schweine, die Augen quollen aus den Höhlen, die Zunge schwoll an und hing aus dem offenen Mund, mein Körper blähte sich auf, gleich würde er explodieren und die Maschine zerreißen, *Mayday-Mayday*, ich spürte, wie sich das Blut in meinem Unterleib ansammelte und mein Glied aufrichtete. Es wurde größer und größer, bis es mir gänzlich die Sicht versperrte, ich umklammerte es mit beiden Armen und versuchte es wie einen Steuerknüppel zu bewegen. Auf und Ab. Ejakulat spritzte in mein Gesicht und ich dachte, das ist wohl die letzte Chance im Leben seine Gene weiterzuverbreiten. Ich wurde aus dem Cockpit geschleudert, aber es war nicht das Universum, das mich aufnahm, ich fiel wie ein Stein in den Sand der Mojave-Wüste.

Das Death Valley hatte mich zurück. Ich kroch aus dem Sandhügel heraus und blieb auf dem Bauch liegen. Neben mir röchelte der sterbende Löwe, er hatte die Augen geschlossen. Hinter ihm saß der Gallier, kraftlos fiel er in sich zusammen.

Ein Schatten fiel über mich, es war der Indianer auf dem Pferd. Pfeile steckten in seiner Brust. Er sagte, es sei eine gute Zeit zum Sterben. Er war schon tot, als er vom Ross fiel. Das Tier beschnupperte ihn und zottelte dann davon.

Es war so heiß hier draußen, ich hob ein letztes Mal den Kopf, ich sah in weiter Ferne ein Haus ohne Nachbarschaft, die Dämmerung hatte eingesetzt, eine Neonschrift begann zu leuchten, ich hörte Stimmen rufen, von weit her:

Welcome to the Hotel California
You can check out any time you like
But you can never leave